Leben!

für Singles

LAINEY HITCHMAN

Leben! für Singles

Copyright © 2013 bei:	2=1 International Inc. Alle Rechte vorbehalten.
ISBN:	978-1-911176-13-8
Veröffentlicht von:	Hitched Publishing
In Zusammenarbeit:	2=1 unter Lizenz veröffentlicht.
Geschrieben von:	Lainey Hitchman
Übersetzt ins Deutsche:	Sarah Kroll

www.lifeforsingles.com

Leben! für Singles

Danksagung

Wir möchten diese Gelegenheit nutzen, um all denen zu danken, die bei der Gründung von „Leben! für Singles" mitgewirkt haben. Ihre Ermutigung und ihr Einsatz waren von unschätzbarem Wert.

Wir möchten uns bei der breiten Palette von Singles bedanken, die die schwierigen Fragen gestellt, ihre Erfahrungen ausgetauscht und ihre Einsichten gegeben haben, um sicherzustellen, dass dieser Kurs ins Schwarze trifft. Wir möchten uns auch bei allen verheirateten Paaren bedanken, die die Dinge geteilt haben, von denen sie sich wünschten, dass sie jemand erzählt hätte, als sie ledig waren. Dieses gemeinsame Feedback hat diesem Kurs eine ganz besondere Dimension verliehen, die ohne Teamarbeit nicht möglich gewesen wäre.

Ein besonderer Dank geht an Jason Phillipps, der das ursprüngliche Konzept hatte, Singles ganz neu zu ermutigen. Seine Vision war der Start für diese Reise, die dazu führte, dass dieser Kurs Wirklichkeit wurde.

Zum Schluss vielen Dank, dass du dich für diesen Kurs entschieden hast. Wir beten, dass du durch die Teilnahme an dieser Gruppe wächst und dich verwandelst, und dass du so das volle Potential entfalten kannst.

#lifeforsingles

Willkommen zum Leben! für Singles

Wir begrüßen dich in unserem Moderatorenteam „Leben! für Singles"! Als Gruppenleiter hast du die einmalige Gelegenheit, Einfluss auf das Leben einer Gruppe wunderbarer Einzelpersonen zu nehmen. Gleichzeitig ist die Durchführung eines Kurses eine fantastische Gelegenheit, auch in dein Leben zu sprechen.

In diesem Sinne beten wir:

- Dass du diese Verantwortung übernehmen kannst, indem du die Bedürfnisse der Gruppe im Gebet zu Gott bringst.

- Dass du den Mut hast, schwierige Fragen nach dem Wort Gottes und nicht nach den Maßstäben der Gesellschaft zu beantworten.

- Dass du die Weisheit hast, die du brauchst, um die Singles zu ermutigen, ihr volles Potenzial, das sie in Gott haben, zu entfalten.

- Dass du in deinen Worten, Einstellungen und Handlungen ein göttliches Vorbild für sie sein wirst.

- Dass du gesegnet bist, wenn du in das Leben anderer investierst.

In Jesu Namen, AMEN.

> **2. Thessalonicher 1:11-12**
>
> Deshalb beten wir auch allezeit für euch, dass unser Gott euch würdig mache der Berufung und vollende alles Wohlgefallen am Guten und das Werk des Glaubens in Kraft, damit in euch verherrlicht werde der Name unseres Herrn Jesus und ihr in ihm, nach der Gnade unseres Gottes und des Herrn Jesus Christus.

Leben! für Singles

BEVOR DU BEGINNST

EMPFEHLUNG FÜR DIE GRUPPENGRÖSSE:

Da ein Schlüsselelement eines erfolgreichen „Leben! für Singles"-Kurses die Diskussion ist, ist es wichtig zu erkennen, dass die Gruppengröße eine Rolle für die Freiheit spielt, in der sich die Teilnehmer untereinander austauschen.

ALTERSSPANNE:

Während das Material in „Leben! für Singles" allgemein gehalten ist, sollen die Gruppendiskussionen persönlich werden. Probleme, mit denen Singles konfrontiert werden, variieren je nach Altersspanne. Sei sensibel dafür. In Gemeinden sind in den Jugendgruppen bereits Altersgruppen festgelegt; bei der Planung deines „Leben! für Singles"-Kurses solltest du jedoch auch junge Erwachsene berücksichtigen. Wähle die Altersgruppen nicht zu groß.

WAS IST MIT ÄLTEREN SINGLES?

Der Kurs ist auch für ältere Singles geeignet. Wir empfehlen, dass ältere Singles eine altersspezifische Gruppe durchlaufen können.

'LEBEN! FÜR SINGLES' EINHEITEN:

Der Kurs „Leben! für Singles" besteht aus neun Einheiten. Wir verwenden das Wort „Einheit" anstatt Lektion, um die Tatsache auszudrücken, dass nicht jede Einheit an einem Abend behandelt werden muss. Jede Einheit kann in separate Lektionen unterteilt werden, wodurch mehr Zeit für die Diskussion des Themas bleibt. Diese eingebaute Flexibilität ermöglicht es einem Jugendleiter oder Kursleiter, das Programm auf Wunsch der Teilnehmer über mehrere Monate zu verlängern.

RAHMEN

Eine ungezwungene Atmosphäre ist am besten. Die Teilnehmer sind entspannter, wenn sie auf einem Sofa sitzen und sich unterhalten können.

BESPRECHUNGSFORMAT

Passe das Meeting an die Bedürfnisse der Gruppe an. Wenn du normalerweise ein Jugendtreffen mit einer festgelegten Lehrzeit abhältst, dann nutze dieses Material in der Lehrzeit.

Auch wenn der Zweck des Treffens die Durchführung dieses Kurses ist, denke daran, dass Anbetung, Gebet und Gemeinschaft wichtige Schlüsselkomponenten für ein gutes Treffen sind.

VORBEREITUNG:

LEHRE MIT TRANSPARENZ:

Sei bereit, transparent zu sein. Nichts ist so wirkungsvoll wie dein persönliches Zeugnis. Teile nicht nur deine Siege, sondern auch den Prozess. Uns ist wichtig, dass die Singles konkrete Schritte zum Ziel erkennen können.

LEHRE, DANN HÖRE ZU:

Sei nicht versucht, alle Gespräche zu führen. Stelle sicher, dass jeder im Laufe der Lektion die Möglichkeit hat, sich während der Diskussionszeit auszutauschen.

GEBET:

Neben einer guten Vorbereitung und Organisation solltest du viel Zeit im Gebet verbringen. Es ist Gott, der die Kraft hat, Menschen zu verändern!

#lifeforsingles

Wochen Intro

Leben! für Singles

Einführung

Ziel dieser Einheit:

Der Gruppe Gelegenheit geben, sich kennenzulernen.

Erörtern, was Singlesein für die Teilnehmer bedeutet.

Die Teilnehmer sollen ein Verständnis dafür entwickeln, was sie von diesem Kurs erwarten können.

Die Grundlagen für diesen Kurs legen, und erklären, was die Ziele dieses Kurses sein werden.

Benötigte Utensilien / Notizen zur Planung:

Stifte, um Notizen und den Persönlichkeitstest machen zu können.

Namensschilder, falls die Gruppe sich nicht bereits kennt.

Gebetsfokus:

Die Teilnehmer sollen verstehen, dass sie bereit sein müssen, Zeit in diesen Kurs zu investieren.

Dass die Gruppe sich schnell wohlfühlt und der Kennenlernprozess beginnen kann.

Notizen der Gebetszeit:

Mögliche Probleme:

Es kann sein, dass es Teilnehmer gibt, die ihre eigenen Vorstellungen vom Verlauf des Kurses haben und diesen daher versuchen dementsprechend zu lenken.

www.lifeforsingles.com

ANWEISUNGEN FÜR KURSLEITER

ZIEL DIESER EINHEIT

Jede Einheit hat eine bewusst zusammengestellte Seite, die dem Kursleiter hilft, sich auf die Ziele der Einheit zu konzentrieren. Viele dieser Ziele werden am besten erreicht, indem man sich darüber austauscht und diskutiert. Dies sollte bei der Planung der einzelnen Stunden berücksichtigt werden. Es gibt keine vorgeschriebenen Pausen; der Gruppenleiter kann frei entscheiden, welche Momente sich dafür am besten eignen.

BENÖTIGTE UTENSILIEN / NOTIZEN ZUR PLANUNG

Es gibt ein freies Feld, wo benötigte Gegenstände oder Gedanken zur Planung notiert werden können.

GEBETSFOKUS / NOTIZEN DER GEBETSZEIT

Zudem gibt es ein Feld, wo der Gebetsfokus und weitere Gedanken der Gebetszeit notiert werden können. Es ist nämlich die Kraft des Gebetes, durch die die größte Veränderung im Leben der Teilnehmer sichtbar wird. Betet wirklich für jeden! Wir empfehlen, für jeden aus der Gruppe einzeln zu beten und sich der Gebetsanliegen bewusst zu werden.

MÖGLICHE PROBLEME

Sei dir bewusst, dass du dich vor oder nach jeder Einheit mit Problemen auseinandersetzen musst. Bitte Gott, dir zu helfen und die Gespräche in die richtige Richtung zu leiten.

HANDBUCHGESTALTUNG

Der normale Text wird im Teilnehmerhandbuch abgedruckt sein.

> **ANWEISUNGEN FÜR DIE LEITER**
>
> Der grau hinterlegte Text ist speziell für dich! Er kann Anweisungen, zusätzliche Fragen, die gestellt werden können, und weitere Informationen zu dem Thema enthalten. Außerdem kann dir vorgeschlagen werden, ein persönliches Beispiel oder eine Illustration zum Verdeutlichen bestimmter Punkte zu verwenden.

Dein Handbuch wird kleine Bilder enthalten, und die Seitengestaltung kann ein wenig von dem Handbuch des Teilnehmers abweichen.

Deine Seitenzahlen stimmen der Einfachheit wegen mit denen des Teilnehmers überein. Damit der Teilnehmer folgen kann, teile ihm immer mit, wenn du zu einem neuen Punkt kommst oder die Seite wechselst. Diese sind leicht an den Überschriften zu erkennen.

> **BIBELVERSE**
>
> Bibelverse sind wie diese Box umrandet und leicht zu erkennen. Meistens hat der Teilnehmer in seinem Handbuch die ausgeschriebenen Verse. Ermutige ihn, die Bibelstellen laut zu lesen. Achte jedoch darauf, ob es Leute mit Leseschwierigkeiten gibt.

BENUTZUNG DER ORIENTIERUNGSBUTTONS

Die Orientierungsbuttons sind für jeden sichtbar. Als Kursleiter kannst du bestimmen, wie viel Zeit du bei jedem Button investieren möchtest. Es werden keine festen Zeiten vorgegeben, aber sei dir bewusst, dass die Zeit nur so verfliegt, besonders während der Gespräche. Das Benutzen eines Weckers während dieser Zeiten kann hilfreich sein.

In dieser Schrift sind Aufforderungen geschrieben, die den Teilnehmer auffordern, über Grundprinzipien und -muster nachzudenken.

#lifeforsingles

Leben! für Singles

Vorwort
Single sein

Wer ist ein Single? Als der Pilot-Kurs lief, waren wir sehr überrascht, dass viele, von denen wir dachten, dass sie sich als erster melden, sich gar nicht meldeten. Wir entdeckten eine wichtige Wahrheit, nämlich, dass nicht jeder unter dem Wort „Single" das gleiche versteht. Manche betrachten sich nur als Single, wenn sie in keinerlei Beziehung sind. Wenn sie sich mit einer anderen Person treffen, sich „daten", dann sehen sie sich nicht mehr als Single. Andere benutzen diesen Begriff nur für ältere Personen, die unverheiratet sind. Menschen unter 25 fallen für sie erst gar nicht in diese Rubrik. Es ist also gut, wenn wir erst einmal klären, was wir unter dem Begriff „Single sein" verstehen. Wir benutzen diesen Begriff für alle Personen, die bisher nicht verheiratet sind.

Leider ist der Begriff „Single" sehr negativ besetzt. Daher fühlen sich viele Singles nicht wohl, wenn sie gesellschaftlich als solche abgestempelt werden. Der Begriff „Single" hat ja auch viele positive Bedeutungen. Du bist eigenständig, du bist besonders! Keiner ist wie du! Wusstest du, dass du besonders, unvergleichlich und einzigartig bist?

Das Singledasein kann also als Falle oder als Chance gesehen werden. Nutze diese Zeit, um zu entdecken, wer du wirklich bist - denn so kann diese Zeit zu einer wertvollen Zukunftsinvestition werden!

Leben! für Singles

wurde entworfen, um dir zu helfen.

Lerne dich selber kennen,

um gute Entscheidungen treffen zu können und um

dein Leben zu umarmen!

Unser aufrichtiges Gebet ist, dass du während dieses Kurses deine wahre Würde und deinen wahren Wert erkennst. Du wirst lernen, was dich einzigartig und unglaublich wertvoll macht. Das Ziel dieses Kurses ist nicht, dich auf die Ehe vorzubereiten, sondern auf das Leben! Egal, ob du nun einen Ehepartner findest oder ob du Single bleibst, wir hoffen, wir können dich befähigen,

„im Überfluss zu leben!"

> JOHANNES 10:10
> Der Dieb kommt nur, um zu stehlen und zu töten. Ich bin gekommen, damit sie das Leben haben und es im Überfluss haben.

www.lifeforsingles.com

Inhaltsverzeichnis

DANKSAGUNG	III
EINLEITUNG	VI
VORWORT - SINGLE SEIN	VIII
EINSTIEG	1
WER BIN ICH?	7
WARUM GIBT ES MICH?	15
EIN GUTER FREUND SEIN	25
WÄHLE DIE RICHTIGEN FREUNDE	35
DER RICHTIGE SEIN	45
DEN RICHTIGEN WÄHLEN	55
DAS DATING-SPIEL	65
DIE REALITÄT DER SEXUALITÄT	81
IN DER ZWISCHENZEIT	93
QUELLENANGABEN & LITERATURVERZEICHNIS	107

#lifeforsingles

Leben! für Singles

NAVIGATION DURCH DEN KURS

RÜCKWÄRTS
Betrachte deine früheren Glaubenssätze, Verhaltensweisen und Einstellungen. Die Vergangenheit zu betrachten kann schmerzen, aber zugleich auch helfen, Fehler zu entdecken, die dich nicht nur heute, sondern auch zukünftig belasten.

PAUSE
Halte inne und beurteile. Zeit, um über Handlungen und Einstellungen nachzudenken und wie diese dich und deine Mitmenschen beeinflussen.

VORWÄRTS
Ein kurzer Blick in die Zukunft unter folgender Fragestellung: „Wenn ich nichts verändere, was kann ich dann überhaupt für meine Zukunft erwarten?"

ENDLOSSCHLEIFE
Erkenne Muster und Gewohnheiten, die dich immer wieder im Kreis laufen lassen. Bitte Gott, negative Muster zu brechen, und etabliere Neues nach Gottes Sinn.

STOPP
Eine Erinnerung, dass du manchmal aufhören musst, alten Gewohnheiten nachzugehen, damit dein Leben sich zum Guten hin verändern kann.

GESPRÄCHSRUNDE
Jeder bekommt die gleiche Zeit; jede Meinung wird respektiert und nicht zerredet.

KRAFT
Eine Erinnerung, sich auf Gottes verändernde Kraft zu verlassen und nicht nur auf die eigene Kraft zu bauen.

INFORMATIONEN
Hier gibt es zusätzliches Material.

LOS GEHT'S
Entscheide, welchen Schritt du als nächstes machen kannst und setze ihn um.

NOTIERE
Schreibe deine Gedanken auf.

www.lifeforsingles.com

Leben! für Singles

Einstieg

An DICH wurde gedacht, als dieser Kurs entstand.

Wir ermutigen dich, in den nächsten Wochen und Monaten möglichst viel in diese Zeit zu investieren, um somit viel erreichen zu können. Es macht einen Unterschied, ob du deine Zeit investierst oder ob du sie nur mit etwas verbringst. Du kannst viel Zeit mit bestimmten Dingen verbringen, aber der Nutzen ist gering. Wenn du jedoch in etwas investierst, wirst du auch etwas zurück bekommen. Das, was du also in diesen Kurs investierst, wird sich am Ende auch als Ergebnis sichtbar machen.

Nutze diesen Kurs, um dich selbst zu entdecken. Er ist dazu ausgelegt, dir Werkzeuge an die Hand zu geben, die dir sowohl mit deiner Gottesbeziehung als auch mit deinen zwischenmenschlichen Beziehungen weiterhelfen.

Deine Lebensausrichtung kann verändert werden! Genauso wie ein Trainer seine Mannschaft ermutigt, ihr Bestes zu geben, genauso wird dein Leiter dich ermutigen und herausfordern.

WELCHE ERWARTUNGEN HAST DU?

  Was für Gedanken kommen dir, wenn jemand den Begriff „Single-Kurs" erwähnt?

„Niemand ist eine Insel." Dieser berühmte Satz von John Donne sollte sich für jeden von uns wahr anhören. Gott hat uns für Beziehungen und Gemeinschaft geschaffen. In Zeiten von Email, Twitter und Facebook sind oberflächliche Beziehungen einfach, doch Gott hat sich für uns tiefe und beständige Beziehungen gedacht, an denen wir unsere Freude haben.

  Überlege, mit wem du verbunden bist und wie stark diese Verbindung ist. In welcher Art von Verbindung stehst du zu ihm und wie steht er zu dir?

> Niemand ist eine Insel,
> Für sich allein,
> Jeder ist Teil des Kontinents,
> Ein Stück des Ganzen und Großen.
>
> John Donne

#lifeforsingles

PERSÖNLICHKEIT

Auf der Reise, sich selbst kennenzulernen, werden wir die Bereiche des Verstandes, des Willens und der Emotionen betrachten. Dieser Teil wird oft auch als unsere „Persönlichkeit" bezeichnet.

DAS IST PERSÖNLICH!

Als Erstes solltest du wissen, dass deine Persönlichkeit persönlich ist. Deine Persönlichkeit wird über deine ganz persönlichen Eigenschaften definiert. Persönlichkeitstests sind grobe Klassifizierungen, die dir helfen, dich als eher introvertiert oder extrovertiert, als eher freundlich oder doch etwas distanzierter einzuordnen. Sie können Aussagen über deinen Humor oder deinen Enthusiasmus treffen. Die Persönlichkeit eines Menschen wird jedoch subjektiv beurteilt, sie ist weder richtig noch falsch, sie variiert einfach von Person zu Person.

Den eigenen Persönlichkeitstyp zu kennen, ist sehr hilfreich, wenn es darum geht, sich selbst und andere zu verstehen. Dieses Wissen kann dir helfen, mit anderen besser klarzukommen; in der Schule, am Arbeitsplatz, mit Freunden und Familie oder mit anderen Menschen in deinem Leben.

Es ist wichtig zu wissen, dass ein bestimmter Persönlichkeitstyp nicht besser als ein anderer ist. Jeder Persönlichkeitstyp hat seine Stärken und Schwächen. Es ist wichtig, die entsprechenden Schwächen zu kennen, und zu verstehen, welchen Einfluss sie auf unsere Beziehungen haben können. Während dieses Kurses geht es also darum, Gott zu bitten, dir zu helfen, deine Stärken zu maximieren und deine Schwächen zu minimieren. Zudem unterstützt einander durch Gebet und Ermutigung. Wir brauchen uns gegenseitig.

> **SPRÜCHE 2:5-6**
>
> Dann wirst du die Furcht des Herrn verstehen und die Erkenntnis Gottes erlangen. Denn der Herr gibt Weisheit, aus seinem Mund kommen Erkenntnis und Einsicht.

 Was ist der Unterschied zwischen Wissen, Verstehen und Weisheit?

WISSEN:

Fakten kennen; du kannst z.B. etwas über dich selbst lernen. Du kannst deinen Persönlichkeitstyp, deine Stärken oder deine Schwächen kennen. Du weißt, was du magst und was nicht. Du weißt, worin du super gut bist und was du gar nicht kannst. Dieses Wissen ist gut, aber du brauchst mehr als nur Wissen. Du brauchst Verstehen.

VERSTEHEN:

Verstehen ist das „Warum" hinter den Fakten. Es ist der Einblick, warum du bestimmte Stärken und Schwächen hast. Warum du bestimmte Dinge magst oder nicht magst. Warum du in dem einen Gebiet viel erreichen kannst, aber auf dem anderen nicht. Es geht darum, zu verstehen, welche inneren und äußeren Einflüsse dich geformt haben.

WEISHEIT:

Weisheit ist das „das tun wir jetzt" mit den Fakten. Akzeptierst du die Dinge einfach so, wie sie sind? Gibt es Dinge, die du verändern kannst? Wenn ja, wie kannst du sie verändern? Weisheit gibt dir Antworten auf Fragen und Kraft zur Veränderung. Weisheit lässt dich den Schöpfer um Antworten bitten und lässt dich zuhören, wenn er antwortet.

www.lifeforsingles.com

Leben! für Singles

Es gibt viele verschiedene Persönlichkeitstests. Manche geben dir einen groben Überblick, andere ermöglichen dir ein tieferes Verständnis über dein Persönlichkeitsprofil. Unser Ziel ist nicht, zu tief zu gehen, sondern wir wollen dir die Möglichkeit geben, dich selbst besser kennenzulernen.

Wir benutzen einen Persönlichkeitstest, den „The Smalley Center" zusammengestellt hat.

Der „Free Personality"-Test

Die Anleitung, wie dieser Test durchgeführt wird, ist eindeutig. Ermutige den Teilnehmer, nicht zu tief zu analysieren. Er sollte ankreuzen, wie er ist und nicht, wie er gerne sein würde.

ANLEITUNG
Trage vor jedem Begriff die Zahl ein, die deinem Verhalten zuhause oder deinen Beziehungen mit dir nahestehenden Personen am meisten entspricht.

0 = überhaupt nicht   1 = etwas   2 = meistens   3 = sehr stark

RUBRIK 1	RUBRIK 2	RUBRIK 3	RUBRIK 4
Mag Kontrolle	Begeisterungsfähig	Sensibel	Konsequent
Selbstsicher	Visionär	Ruhig	Reserviert
Standfest	Tatkräftig	Mag Routine	Praktisch veranlagt
Mag Herausforderungen	Organisator	Beziehungsorientiert	Sachlich
Problemlöser	Kontaktfreudig	Passt sich an	Perfektionist
Kühn/Mutig	Spaßliebend	Nachdenklich	Genau
Zielorientiert	Spontan	Geduldig	Neugierig
Starker Wille	Mag neue Ideen	Hört gut zu	Ausdauernd
Selbstständig	Optimistisch	Treu	Einfühlsam
Beharrlich	Risikofreudig	Aufgebend	Sorgfältig
Führung übernehmen	Motivator	Unentschlossen	Kontrolliert
Zielstrebig	Sehr verbal	Mag keine Veränderungen	Vorhersehbar
Unternehmungslustig	Freundlich	Trockener Humor	Ordentlich
Konkurrenzfähig	Beliebt	Empathisch	Gewissenhaft
Produktiv	Mag Abwechslung	Kümmert sich	Anspruchsvoll
Entschlossen	Gruppenorientiert	Tolerant	Analytisch
Abenteuerlich	Initiator	Friedensstifter	Präzise
Unabhängig	Inspirierend		Organisiert
			Wohlüberlegt
___ PUNKTE	___ PUNKTE	___ PUNKTE	___ PUNKTE

#lifeforsingles

Leben! für Singles

ANLEITUNG
Rechne deine Punkte zusammen. Deine Stärken liegen in den Bereichen mit den meisten Punkten.

Rubrik 1	Rubrik 2	Rubrik 3	Rubrik 4
Der Löwe	Der Otter	Der Golden Retriever	Der Biber

Stärken in Beziehungen:

Übernimmt die Führung. Konkurrenzfähig. Problemlöser. Mag Veränderungen. Herausfordernd.	Optimistisch. Energisch. Zukunftsorientiert. Motivierend.	Beziehungsorientiert & Warm. Loyal. Mag Routine. Feinfühlig. Friedensstifter.	Genau & Präzise. Achtet auf Niveau. Anspruchsvoll. Analytisch.

Aus dem Gleichgewicht geratene Stärken:

Zu direkt oder ungeduldig. Zu beschäftigt. Emotionsarm. Impulsiv oder riskant. Unsensibel gegenüber anderen.	Unrealistisch, Tagträumer. Ungeduldig oder anmaßend. Manipulierend oder drängend. Vernachlässigt Details oder arbeitet unzuverlässig.	Zieht Menschen mit Problemen an. Versäumt Gelegenheiten. Hängt in der Routine fest. Opfert eigene Gefühle für Harmonie. Leicht verletzlich, nachtragend.	Zu kritisch oder zu streng. Zu kontrollierend. Steht neuen Möglichkeiten zu negativ gegenüber. Verliert die Übersicht.

Kommunikationsstil:

Direkt oder unverblümt. Ohne Wenn und Aber. Schwachpunkt: kein guter Zuhörer.	Kann andere inspirieren. Optimistisch oder enthusiastisch. Ohne Wenn und Aber. Schwachpunkt: hohe Energie, kann andere manipulieren.	Indirekt. Entgegenkommend. Guter Zuhörer. Schwachpunkt: redet zu viel oder verliert sich im Detail.	Sachlich. Entgegenkommend. Toller Zuhörer. Schwachpunkt: Liebe zum Detail und Präzision frustriert andere.

Was gebraucht wird:

Aufmerksamkeit & Wertschätzung ihrer Leistung. Gebiete, in denen sie die Verantwortung haben. Möglichkeiten, Probleme zu lösen. Freiheit für Veränderungen. Herausfordernde Aktivitäten.	Anerkennung. Möglichkeiten, sich in Worten auszudrücken. Gesehen werden. Soziale Wertschätzung.	Emotionale Sicherheit. Angenehme Umgebung.	Niveau. Genaue Vorstellungen.

Was sich günstig auf Beziehungen auswirkt:

Sanfter werden. Ein guter Zuhörer werden.	Aufmerksamer gegenüber den Nöten der Freunde werden. Man kann auch zu optimistisch sein.	Lerne „Nein" zu sagen. Baue eigene Grenzen auf. Lerne dich auseinanderzusetzen, wenn deine Gefühle verletzt werden.	Maximale Unterstützung ist nicht immer möglich. Es gibt mehr, als sich in Erklärungen zu verlieren.

Man kann eine Mischung aus den Persönlichkeitstypen sein. Dieser Test soll niemanden auf nur eine Kategorie festlegen. Wenn sich jemand in zwei Kategorien wiederfindet, ermutige ihn, sich auf die Aspekte zu konzentrieren, die ihm am wichtigsten sind.

www.lifeforsingles.com

Leben! für Singles

 Du wirst viele Möglichkeiten haben, in den nächsten Wochen mehr über dich selbst zu lernen. Den „Pause"-Button zu benutzen ist eine gute Art, das Leben etwas herunterzufahren und nachzudenken. Versuche die Fragen wirklich ehrlich zu beantworten.

> Entweder bekommt der Teilnehmer jetzt Zeit für die Beantwortung der Fragen oder er kann sie zuhause beantworten.

Konntest du, nachdem du den Persönlichkeitstest gemacht hast, mehr über deine Stärken und Schwächen lernen?

Was sind deine größten Stärken?

Was sind deine größten Schwächen?

Bist du zu dir selber ehrlich? Und bist du bereit, an deinen Schwächen zu arbeiten?

Gibt es irgendetwas, das du noch nicht über dich selbst wusstest, bevor du den Persönlichkeitstest gemacht hast?

Bitte Gott, dir zu helfen, Balance in deine Stärken zu bringen.

> Nehmt euch Zeit zu beten. Ermutigt die Teilnehmer, dass sie diese Bitte zu ihrer täglichen Bitte im Gebet machen.

#lifeforsingles

Leben! für Singles

Das, was du über dich selbst weißt, kannst du zu Gott bringen und
VERÄNDERN!

Das, was du nicht über dich weißt, wird dich
KONTROLLIEREN!
-Unbekannt-

www.lifeforsingles.com

Woche 1

Leben! für Singles

Wer bin ich?

Ziel dieser Einheit:

Jeder Einzelne soll verstehen, dass Gott ihn geschaffen hat. Gott hat uns geschaffen, um einzigartig zu sein.

Bevor wir uns auf die Suche nach dem Richtigen machen, müssen wir uns erst einmal klar darüber werden, wer wir eigentlich sind und daraus dann eine Selbstsicherheit entwickeln.

Erkäre, dass wir aus drei Bereichen gemacht sind; aus Körper, Seele und Geist, und dass jeder einzelne Bereich wichtig ist.

Identifiziert die Stärken, Schwächen, Möglichkeiten und Gefahren, und lernt, wie man das Positive maximiert und das Negative minimiert.

Benötigte Utensilien / Notizen zur Planung:

Gebetsfokus:

Jeder Teilnehmer soll verstehen, woher seine Identität kommt.

Für Singles ist es essentiell wichtig zu verstehen, wer sie in Christus sind.

Notizen aus der Gebetszeit:

Mögliche Probleme:

Manche haben vielleicht Probleme, ihren Wert zu erkennen und sich ohne bestimmte Leistungen zu identifizieren.

Einheit 1 — Wer bin ich?

#lifeforsingles

Leben! für Singles

Wer bin ich?

In den kommenden Wochen werden wir zwei grundlegende Fragen genauer betrachten:

1. Wer bin ich?
2. Und warum gibt es mich?

Es ist nicht nur wichtig zu wissen, wer wir sind, sondern auch warum wir geschaffen wurden. Beide Fragen müssen beantwortet werden können, damit wir wirklich Gottes Plan für unser Leben verstehen. Viele haben Probleme, diese Fragen zu beantworten, wollen sich aber in eine Partnerschaft mit jemandem stürzen, der sich auch keine Zeit für die Beantwortung dieser Fragen genommen hat.

I.D.? W.I.D.?

> I.D. steht für „Identität" und W.I.D. für „Welche Identität?". Frage die Teilnehmer, ob sie wissen, wer sie sind oder ob ihre Identität ihnen noch Rätsel aufgibt.
>
> Gib ihnen ein paar Minuten, um einige Gedanken aufzuschreiben.

Notiere ein paar Sätze, die dich beschreiben.

Die meisten finden diese Aufgabe schwierig. Wie kannst du dich wirklich selbst beschreiben? Oft beschreiben sich Menschen fälschlicherweise mit Dingen, die sie tun, die sie haben oder mit denen sie sich umgeben. Bei mir würde das so aussehen:

> Ich war:
>
> eine Tochter, eine Schwester, eine Erntehelferin, eine Kassiererin, eine Studentin, eine Oberschwester, eine Ehefrau, eine Mutter, eine Schwägerin, eine Lehrerin, eine Gebärdensprachlerin, eine Leserin, eine Bloggerin, eine Autorin…aber sagt das tatsächlich aus, wer ich bin?

> Du kannst die obige Beschreibung lesen oder durch ein eigenes Beispiel ersetzen.

Wenn ich meine Identität an dem festmachen würde, was ich anziehe, dann würde das ein ziemlich trostloses Bild abgeben. Viele Menschen haben Schwierigkeiten zu entdecken, wer sie eigentlich sind. Wir werden jeden Tag mit Lügen bombardiert: „Du bist, was du verdienst.", „Du bist, was du anziehst!", „Du bist, was auch immer du sein möchtest!" Die Wahrheit ist, du bist nicht, was du tust, was du hast oder was du anziehst. Manchmal weißt du nicht, wer du bist. Du hast so viel Zeit damit verbracht, zu versuchen jemand zu werden, der du gar nicht bist, sodass du dein wahres Ich verloren hast.

Gib aus deinem eigenen Leben ein Beispiel, das veranschaulicht, wie wir unsere Identität auf die falschen Dinge bauen können.

Leben! für Singles

Diejenigen, die versuchen „für jeden alles" zu sein, fühlen sich oft, als wären sie Betrüger. Sie haben Angst davor, andere zu nah an sich heranzulassen, sodass sie entlarvt werden und als gar nicht echt befunden werden.

Der Grund, warum wir solche Probleme mit unserer Identität haben, ist, dass wir durch unsere eigene Brille gucken, oder wir gucken durch einen kulturellen Filter, der uns vorgibt, was wertvoll ist. Wenn wir herausfinden wollen, wer wir sind, dann müssen wir durch Gottes Augen gucken.

Während unser eigener „Filter" die Wahrheit oft verzerrt, bringt Gottes Filter die Dinge ganz klar in unseren Sichtbereich. Sogar in den Bereichen, in denen wir uns negativ einschätzen, kann Gott uns unser Potential aufzeigen.

> Lass jeden schnell ein Selbstporträt skizzieren. Es wird schnell klar, dass es nicht am malerischen Talent liegt, sondern dass wir eine verzerrte Selbstwahrnehmung haben. Auch wenn es jemandem in Bezug auf sich selbst nicht aufgefallen ist, so wird er doch anhand der Skizzen der anderen feststellen, dass unsere eigenen Filter uns anlügen.

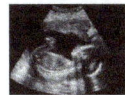 ## Du Bist Kein Unfall!

Das Fundament unserer eigenen Identität ist in unserer Geburt, unserer Herkunftsfamilie gelegt. Tatsächlich kennen viele ihre leiblichen Eltern nicht. Die Geschichte dieser Menschen ist keine schöne Geschichte. Wenn du zu dieser Gruppe gehörst, wohin führt dich das?

Was auch immer deine Eltern sagen, du bist kein Unfall! Verstehst du das wirklich, dass du ein Wunder bist und kein Fehler?

Deine Eltern haben dich vielleicht nicht geplant, aber Gott hat dich geplant!

> **Jesaja 44:2**
> Ich bin dein Schöpfer. Ich habe dich gemacht und von Mutterleib an gebildet.

Ist es wahr, dass wir alle einzigartig sind?

 > Sogar eineiige Zwillinge können anhand der Fingerabdrücke auseinander gehalten werden. Schreibe auf, was dich einzigartig macht.

> Die Teilnehmer haben zu Beginn vielleicht Schwierigkeiten damit, Dinge zu finden, die sie einzigartig machen. Du kannst ihnen helfen zu erkennen, dass Gedanken, Vorlieben, Abneigungen, Entscheidungen, Verhaltensweisen, Reaktionen, Antworten usw. alle einzigartig für sie sind.

> **Psalm 139:13-14**
> Denn du hast meine Nieren gebildet; du hast mich gewoben im Schoß meiner Mutter. Ich danke dir dafür, dass ich erstaunlich und wunderbar gemacht bin.

> Frage die Teilnehmer, ob sie teilen möchten, was dieser Vers für sie bedeutet. Sie sollen erkennen, dass sie einzigartig und wunderbar gemacht sind. Lass sie verstehen, dass dieses Wissen nicht nur im Kopf sein sollte, sondern vor allem auch das Herz erreichen darf.

#lifeforsingles

Leben! für Singles

I.D. FINDE DAS FEHLENDE TEIL

Vielleicht machst du dir Sorgen, dass jedes Identitätsmerkmal, das du zur Selbstdefinition benutzt hast, verschwunden ist und nicht mehr viel übrig bleibt, was dir ein gutes Gefühl gibt. Es fühlt sich so an, als wäre etwas zerbrochen oder würde fehlen.

> **VISUELLE HILFE / LEHRBEISPIEL**
>
> **IM VORAUS VORBEREITEN**
>
> Schreibe auf Zettel ein paar Designermarken, die bei euch zu den bekannten Marken gehören. Auf andere Zettel schreibe Dinge, die man macht, und auf wiederum andere Zettel Dinge, die man besitzt. Bringe alle Zettel mit Sicherheitsnadeln o.Ä. außen an deiner Kleidung an.
>
> Nimm nun nacheinander jeden Zettel ab und mache deutlich, warum dieser Punkt nicht beschreibt, wer du bist. Wenn du den letzten sichtbaren Zettel abgemacht hast, frage, ob das nun bedeutet, dass du wertlos bist.
>
> Habe einen weiteren versteckten Zettel mit der Aufschrift „Unfall" unter deinem Shirt/Pullover. Weitere Zettel könnten sein „Ich bin ein Fehler" oder „Ich bin eine Enttäuschung". Ziehe nun diese versteckten Zettel hervor und veranschauliche damit, dass wir denken, wir haben alles erledigt, aber manchmal glaubt unser Herz noch Dinge, die nicht wahr sind.

Wir sind nicht durch Labels, die für Luxusgüter wie Gucci, Prada oder Armani stehen, geprägt. Genauso wenig stehen Labels wie Adidas, Nike, H&M oder „Made in China" für uns. Wir sind nicht das, was Menschen über uns sagen. Sie bezeichnen uns vielleicht als „Streber" oder „Idiot" oder ... aber diese Bezeichnungen definieren nicht, was wir sind.

Unsere Identität muss von Gott kommen. Der, der uns entworfen hat, hat uns den Stempel „Es ist gut" aufgedrückt (1. Mose). Weißt du, dass du von Gott angenommen wurdest? Als er dich schuf, sah er, dass du gut bist!

Joh. 3:16 sagt uns: Gott hat unseren Wert für so hoch befunden, dass er seinen einzigen Sohn gegeben hat, damit wir nicht verloren gehen, sondern mit ihm ewiges Leben haben.

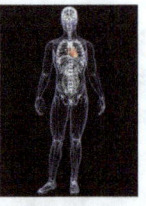

> **1. Thessalonicher 5:23**
> Er selbst aber, der Gott des Friedens, heilige euch durch und durch, und euer ganzes Wesen, der Geist, die Seele und der Leib möge untadelig bewahrt werden bei der Wiederkunft unseres Herrn Jesus Christus!

 *Fühlst du dich vollständig?*

Als Gott uns schuf, hat er uns aus drei Bereichen bestehend geschaffen: Körper, Seele, Geist.

Manchmal denken wir über uns selbst, dass wir zerbrochen sind, dass etwas mit uns nicht stimmt. Wir suchen zumeist die Antworten an den falschen Stellen. Wir können den Fehler machen, uns darauf zu konzentrieren, unseren Körper zufriedenzustellen. Oder wir mühen uns mit Versuchen ab, unseren eigenen Willen zu erfüllen.

Viele Leute ignorieren den geistlichen Aspekt oder suchen Antworten in Religiosität, anstatt in der Beziehung zu ihrem Schöpfer. Gott weiß, wie wir zusammengesetzt sind und er kann uns wieder ganz machen.

ER weiß, wie wir funktionieren und nur ER kann uns die Frage beantworten „Wer bin ich?"! Denke daran, dass die drei Bereiche (Körper, Seele, Geist) miteinander verflochten sind.

KÖRPER - WELTBEWUSSTSEIN[2] (Unsere physische Erscheinung, unsere Sinne)

Die Medien legen den Schwerpunkt besonders auf unser äußerliches Erscheinungsbild, aber sagt dein Äußeres wirklich aus, wer du bist?

Die Sinne ermöglichen es uns, mit der Welt um uns herum zu interagieren.

- Wir haben 5 Sinne: sehen, riechen, hören, schmecken, fühlen
- Unsere Sinne sind einmalig
- Nicht jeder mag das gleiche, was Sehen, Riechen, Hören, Schmecken oder Fühlen betrifft

Der Körper kann uns in ziemliche Schwierigkeiten bringen. Wenn wir gegenüber unserer Umwelt nur auf physische Weise reagieren, können wir sehr ich-bezogen werden und unsere Entscheidungen stehen dann sehr oft im Gegensatz zu dem, was Gott eigentlich von uns möchte.

> 1. JOHANNES 2:15-17
> Habt nicht lieb die Welt, noch was in der Welt ist! Wenn jemand die Welt lieb hat, so ist die Liebe des Vaters nicht in ihm. Denn alles, was in der Welt ist, die Fleischeslust, die Augenlust und der Hochmut des Lebens, ist nicht von dem Vater, sondern von der Welt. Und die Welt vergeht und ihre Lust, wer aber den Willen Gottes tut, der bleibt in Ewigkeit.

SEELE - SELBSTBEWUSSTSEIN (Intellekt, Emotionen und Wille)

Die meisten psychologischen Tests heutzutage konzentrieren sich auf diese Aspekte.

Folgende Gebiete sind auch darin enthalten:

- Vorstellungskraft
  > Gott hat uns nach seinem Ebenbild geschaffen. Das bedeutet, er hat uns Kreativität gegeben. Deine Vorstellungskraft ist nicht die Kopie eines anderen, sie ist einzigartig!

- Gedächtnis
  > Niemand hat genau die selben Umstände erlebt, die deine Kindheit einzigartig gemacht haben. Manche deiner Erinnerungen hast du vielleicht mit anderen geteilt, aber niemand nahm sie genau so wahr wie du.

- Vernunft
  > Die Art, wie wir Probleme angehen und lösen, variiert von Person zu Person. Wir haben eine individuelle Betrachtungs- und Herangehensweise.

- Persönlichkeit
  > Unser Humor, Begeisterungsfähigkeit für das Leben und Einstellungen, wie wir mit anderen in Beziehung treten. Wie wir letzte Woche gelernt haben, ist es wertvoll, unseren Persönlichkeitstyp zu kennen, denn so vertieft sich unser Verständnis für uns selber und wie wir mit anderen Menschen interagieren.

Intellekt, Emotionen und Wille sollten nicht unsere Antriebskraft sein, wenn es darum geht, wie wir mit unseren Umständen und mit anderen umgehen. So hat uns Gott nicht geschaffen. Er wollte, dass wir von ihm geführt werden, denn er sieht das Große und Ganze.

> 1. KORINTHER 2:14-15
> Der natürliche Mensch aber nimmt nicht an, was vom Geist Gottes ist, denn es ist ihm eine Torheit und er kann es nicht erkennen, weil es geistlich beurteilt werden muss. Der geistliche Mensch dagegen beurteilt zwar alles, er selbst jedoch wird von niemandem beurteilt.

GEIST - GOTTBEWUSSTSEIN

Wir sind nicht wie Tiere, wir haben einen Geist. Sowohl Adam als auch Eva wurden nach Gottes Ebenbild geschaffen. „Und hat er sie nicht eins gemacht, ein Überrest des Geistes für ihn?" (Maleachi 2:15)

> Der Geist des Menschen kommt direkt von Gott und steht in direkter Beziehung zu Gott. Im originalen Bild der Schöpfung war eine absteigende Beziehung. Gott ist über dem Geist des Menschen; dessen Geist ist über seiner Seele und seine Seele lenkt den Körper. Durch die Rebellion des Menschen wurde dessen Geist zur Seite gedrängt und nun ist die Seele des Menschen in Kontrolle. (Derek Prince)

Keine von Gottes Schöpfungen ist wie wir, denn in uns hat er seinen Odem gegeben. Er hat uns nach seinem Ebenbild geschaffen und uns Anweisungen gegeben, wie wir einen göttlichen Charakter bilden.

2 Madison Clark Jr

Leben! für Singles

Verwechsle nicht Persönlichkeit mit Charakter!

Ist Charakter nicht dasselbe wie Persönlichkeit? Charakter ist etwas völlig anderes als dein Persönlichkeitstyp. Charakter ist dein Rückgrat, während Persönlichkeit deine Zierde ist. Persönlichkeiten können attraktiv sein, aber wenn der Charakter nicht stabil ist, befinden wir uns in Schwierigkeiten. Einen guten Charakter zu haben bedeutet, wenn alle den falschen Weg wählen, dann bist du in der Lage, den richtigen zu gehen.

Unsere Persönlichkeit tendiert dazu, mit kleinen Veränderungen, unser ganzes Leben recht ähnlich zu bleiben. Ohne Gottes Hilfe bleibt unser Charakter auch gleich. Während die Persönlichkeit subjektiv beurteilt wird, wird der Charakter objektiv beurteilt; es gibt ein richtig und ein falsch.

Gottes Plan war, dass uns in unseren jungen Entwicklungsjahren guter Charakter beigebracht wird. Charaktereigenschaften beinhalten ehrlich oder unehrlich, verlässlich oder unverlässlich, mutig oder feige, verantwortungsvoll oder unverantwortlich sein. Das Beibringen von gutem moralischen Charakter war üblich. Er wurde einem von Eltern, Kirchen, Schulen und sogar der Gesellschaft beigebracht. Heute sind diese Standards ernstlich marode und in vielen Bereichen sehen wir, wie Menschen mit guter Persönlichkeit als Vorbilder fungieren, sie jedoch keinen moralisch guten Charakter haben. Wenn wir unser Leben wirklich gut hinbekommen wollen, ist es essentiell wichtig, Gott zu erlauben, an unserem Charakter arbeiten zu dürfen.

Charakter ist die moralische und ethische Stärke einer Person. Es ist nicht nur wichtig, mit Anstand vor anderen zu reagieren, die Frage ist, wie reagierst du, wenn du denkst, keiner schaut zu? Die Bibel spricht von einem Krieg zwischen unserem Fleisch (unserem Körper) und unserem Geist.

Galater 5:16-17
Ich sage aber: Wandelt im Geist, so werdet ihr die Lust des Fleisches nicht vollbringen. Denn das Fleisch gelüstet gegen den Geist und der Geist gegen das Fleisch; und diese widerstreben einander, sodass ihr nicht das tut, was ihr wollt.

Persönliches Beispiel
Leite, indem du transparent bist. Teile ein Beispiel von einem persönlichen Kampf, den du hattest, und wie du ihn gewinnst.

Hast du diesen Kampf schon selber erlebt? Überlege dir ein bestimmtes Beispiel.

Der Galaterbrief sagt uns, wir können einen guten Charakter entwickeln und uns verändern. Gott fordert uns heraus, uns zu verändern und einen guten Charakter zu entwickeln. Im Galaterbrief eröffnet uns Gott die Merkmale eines guten Charakters und nennt sie Früchte des Geistes.

Galater 5:22-23
Die Frucht des Geistes aber ist Liebe, Freude, Friede, Langmut, Freundlichkeit, Güte, Treue, Sanftmut, Selbstbeherrschung. Gegen solche Dinge gibt es kein Gesetz.

Wir sind dazu berufen, in der Frucht des Geistes zu reifen. Genau so, wie wir körperlich und emotional reifen, müssen wir geistlich reifen, wenn wir unser gesamtes Potential erreichen wollen.

Während des nächsten Abschnittes wirst du die Möglichkeit bekommen, diese Elemente zu analysieren. Manch einer ist sehr kritisch und erkennt seinen eigenen Wert gar nicht, während ein anderer Schwierigkeiten hat, die negativen Aspekte seines Charakters zu erkennen.

Neigst du dazu, dich auf das Negative oder das Positive zu konzentrieren?

Einheit 1 — Wer bin ich?

www.lifeforsingles.com

Leben! für Singles

SWOT ANALYSE

Bitte Gott um Weisheit, wenn du dich mit folgenden Fragen beschäftigst. Bete, dass du dich selber ehrlich einschätzt.

Selbstwahrnehmung befähigt dich in Aktion zu treten, wenn es um die nötigen Veränderungen geht, um das Leben gut zu meistern. Folgende Übung ermöglicht dir einen direkten Blick auf positive und negative Aspekte zu werfen, die Einfluss auf dein Leben haben. Antworte ehrlich!

In der Business-Welt ist die SWOT-Analyse als strategische Planungsmethode bekannt. Man beurteilt Stärken, Schwächen, Möglichkeiten und Gefahren. Wir können auch in unserem Leben die Initiative ergreifen. Wir können die Gebiete evaluieren, in denen wir stark sind und wo uns viele Möglichkeiten gegeben sind, aber wir können auch beurteilen, wo schädliche Bereiche sein können. In welchen Bereichen sind wir schwach? Wo sind dort potentielle Gefahren? Mit Gottes Hilfe kannst du deine Stärken optimieren und deine Schwächen minimieren. Nimm eine SWOT-Analyse (Stärken-Schwächen-Möglichkeiten-Gefahren-Analyse) deines Lebens in Bezug auf die Früchte des Geistes vor.

Bringe Gott im Gebet deine Sorgen.

	HILFREICH	SCHÄDLICH
INNERLICH	**STÄRKEN** Die Absicht dieser Übung ist, einen genaueren Blick auf den Charakter zu werfen. Der Bereich beinhaltet auch Begabungen. Es ist wichtig, die Gruppe dahin zu leiten, dass sie sich in Bezug auf das Wort Gottes einschätzt und bemisst. Sei als Leiter transparent und gebe ein Beispiel.	**SCHWÄCHEN** Wenn die Teilnehmer ihre Schwächen teilen, achte darauf, nicht zu schnell mit deinen Ratschlägen einzusteigen oder deine Sicht darzulegen. Viele Singles haben mit Ungeduld und Selbstbeherrschung zu kämpfen, aber nicht jeder. Urteile daher nicht zu schnell.
ÄUSSERLICH	**MÖGLICHKEITEN** Die meisten werden ihre Bildungs- und Karrieremöglichkeiten erwägen. Ermutige diejenigen, die Schwierigkeiten haben, Möglichkeiten zu erkennen. Ermutige sie, Gott zu bitten, ihnen zu offenbaren, welche Möglichkeiten vor ihnen liegen.	**GEFAHREN** Bitte die Teilnehmer, Gefahren aus zwei Blickwinkeln zu betrachten: 1. Gefahren von außen, z.B. eine Versuchung, die an uns zerrt. 2. Gefahren von innen. Manchmal können wir selbst unser größter Feind sein.

Einheit 1 — Wer bin ich?

Manche Autoren geben Albert S. Humphrey vom Stanford Research Institute als Entwickler der SWOT-Analyse an. Er selbst sieht das anders - und so bleibt der Ursprung dieser Analyse ungewiss.

#lifeforsingles

Leben! für Singles

Obwohl wir Körper, Seele und Geist getrennt betrachtet haben, leben sie doch zusammen im gleichen Körper. Alle drei Elemente machen aus, wer du bist. Manchmal fühlst du dich unruhig und unzufrieden. Das ist möglicherweise ein Hinweis, dass Körper, Seele und Geist nicht im Einklang miteinander sind. Vielleicht ist das auch ein Indiz für Gottes Überführung in einem Bereich, der geändert werden sollte. Wenn du bereit bist, diesen Bereich Gott zu geben, dann wird dein innerer Friede wieder hergestellt sein. Versuche nicht, dies zu ignorieren, denn das ist eine Chance zur Veränderung!

> JAKOBUS 1:22-24
>
> Seid aber Täter des Wortes und nicht bloß Hörer, die sich selbst betrügen. Denn wer nur Hörer ist und nicht Täter, der gleicht einem Mann, der sein natürliches Angesicht im Spiegel anschaut; er betrachtet sich und läuft davon und hat bald vergessen, wie er gestaltet war.

Zu entdecken, wer du bist, ist nur ein Teil des Prozesses. Falls du einen Blick auf deinen Charakter geworfen hast und danach prompt vergessen hast, was du gesehen hast, dann war diese Übung umsonst. Das Entscheidende ist, was wir mit der gewonnenen Information machen.

VERGISS NICHT
- Du bist einzigartig und keiner ist wie du
- Deine Identität basiert nicht auf dem, was du tust, was du hast oder was du anziehst
- Du bist aus drei Bereichen geschaffen: Körper, Seele, Geist
- Gott kennt dich besser als jeder andere und möchte dir helfen zu entdecken, wer du bist
- Mit Gottes Hilfe kannst du deine Stärken maximieren und deine Schwächen minimieren
- Entwickle einen göttlichen Charakter

GEBET

Herr, ich möchte wirklich herausfinden, wer ich bin. Nicht nur meinen Persönlichkeitstyp, meine Stärken und meine Schwächen; ich möchte wirklich verstehen, wie du mich geschaffen hast und wie ich sein soll. Ich möchte verstehen, wie du mich siehst. Ich bitte dich, dass du mir in den kommenden Wochen unbestreitbar zeigst, wer ich bin und wie ich mein Lebenspotential voll ausschöpfen kann. Hilf mir, deinen göttlichen Charakter zu entwickeln. Bitte befähige mich, mein Leben gut zu leben. AMEN

Einheit 2

Leben! für Singles
Warum gibt es mich?

Ziel dieser Einheit:

Jeder soll verstehen, Gott existiert nicht nur, sondern er hat für jeden einen Plan.

Gott hatte diesen Plan im Kopf, als er uns einzigartig designte und erschuf.

Ehe kann Teil von Gottes Plan sein, ist aber nicht die End-Bestimmung. Daher ist es wichtig, herauszufinden, wozu uns Gott berufen hat.

Wir können seine Bestimmung für uns herausfinden, wenn wir ihn danach fragen.

Den Unterschied zwischen Ruf und Karriere kennen.

Den Lebensabschnitt erkennen, in dem wir uns gerade befinden.

Benötigte Utensilien / Notizen zur Planung:

YouTube-Video von Eric Liddel: „God made me fast"

Eine Augenbinde und ein paar Hindernisse, um Orientierungsmöglichkeiten zu veranschaulichen.

Gebetsfokus:

Bete für jeden Teilnehmer, dass er erkennt, Gott hat ihn mit einer Bestimmung geschaffen. Und so, wie er ihn geschaffen hat, hat er keinen Fehler gemacht.

Jeder Teilnehmer soll sich nach Gott ausstrecken, sodass er Gottes Stimme hören kann.

Notizen aus der Gebetszeit:

Mögliche Probleme: Manchmal haben Teilnehmer ein falsches Verständnis, was ein „Ruf" ist. Sie bemerken nicht, dass Gott einen Plan für sie hat, wenn sie nicht direkt zu Mission oder Gemeindedienst berufen sind. Manche tappen vielleicht in die Falle, sich mit anderen zu vergleichen oder legen zu viel Druck auf sich.

#lifeforsingles

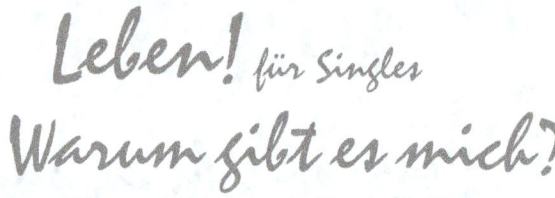

Leben! für Singles
Warum gibt es mich?

Viele stellen sich die Frage „Warum bin ich noch Single?". Sie treten keinen Schritt zurück und stellen sich die viel tiefere Frage „Warum gibt es mich?".

Warum gibt es mich? Das ist eine der großen Fragen im Leben, und die Art, wie du sie beantwortest, wird darüber bestimmen, welche Zukunftsentscheidungen du triffst. Wenn wir fälschlicherweise davon ausgehen, dass das Hauptziel eines Singles ist, den richtigen Partner zu finden, dann verpassen wir einen großen Teil von Gottes Plan.

Um die Frage „Warum gibt es mich?" zu beantworten, muss zuerst eine viel brennendere Frage beantwortet werden: „Existiert Gott?" Warum ist das eine so wichtige Frage? Ganz einfach, wenn es Gott nicht gibt, dann ist unser Leben rein zufällig entstanden, und dann können wir davon ausgehen, dass wir keinen wirklichen Sinn haben und es kein spezifisches Ziel gibt, auf das wir uns ausrichten können.

> Leite die Diskussionen diese Woche sehr vorsichtig. Schweife nicht ab. Vielleicht sind in der Gruppe ein paar Teilnehmer, die nicht davon überzeugt sind, dass Gott wirklich existiert. Geratet darüber nicht in eine lange Debatte.

Die atheistische Meinung ist, wir sind hier auf Grund eines unabsichtlichen Prozesses. Anstatt dass wir durch intelligentes Design geschaffen sind, sind wir ein „Ups" des Universums. Als ein „Ups" haben wir keine Verantwortung für unser Leben und was wir damit machen. Im Bereich „Entscheidungen-Treffen" brauchen wir nur auf uns selber zu achten. Es gab schon viele Debatten darüber, ob wir nur ein Unfall des Universums sind oder ob das Universum einen Schöpfer und Designer hat.

Lies Psalm 139:16
Letzte Woche lag der Schwerpunkt auf dem Wunder, wie wir geschaffen sind. Diese Woche liegt der Schwerpunkt auf Gottes Plan für unser Leben. Konzentriert euch auf „Deine Augen sahen mich schon als ungeformten Keim und in dein Buch waren geschrieben alle Tage, die noch werden sollten, als noch keiner von ihnen war.".

Behandelt nicht das Thema Vorherbestimmung. Dieser Vers veranschaulicht einfach, es gibt einen Plan und der Schöpfungsprozess fand mit diesem Plan statt.

Psalm 139:13-16

Denn du hast meine Nieren gebildet; du hast mich gewoben im Schoß meiner Mutter. Ich danke dir dafür, dass ich erstaunlich und wunderbar gemacht bin; wunderbar sind deine Werke und meine Seele erkennt das wohl! Deine Augen sahen mich schon als ungeformten Keim und in dein Buch waren geschrieben alle Tage, die noch werden sollten, als noch keiner von ihnen war.

1. Was denkst du, bedeutet „Unsere Tage sind in Gottes Buch geschrieben"?
2. Gemäß diesem Psalm, von welchem Alter an hat Gott einen Plan für dich?

Psalm 139 sagt uns nicht nur, dass Gott existiert, sondern dass wir auch von ihm geschaffen und geformt wurden. Er hat nicht nur die Welt geschaffen – er hat dich geschaffen! Die nächste Frage muss also sein: „Warum hat er dich geschaffen?"

www.lifeforsingles.com

Leben! für Singles

Dieser wunderschöne Psalm redet von der Fürsorge und Aufmerksamkeit, die Gott uns gegeben hat. Er war nicht nur an unserer Erschaffung interessiert, er hat sogar einen Plan für unser Leben. So wie ein Töpfer im Vorfeld die Bestimmung dessen weiß, was er formen wird, so wusste auch unser Schöpfer, was wir brauchen, um das zu vollbringen, was er für unser Leben geplant hat.

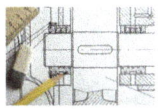 *Warum hat Gott dich geschaffen?*

> Bitte jeden, seine Antworten in dem Feld aufzuschreiben. Gib denjenigen die Möglichkeit zu reden, die ihre Antworten gerne teilen möchten.
>
> Höre den Antworten zu dieser Frage genau zu. Einigen aus der Gruppe wird es leicht fallen, besonders wenn sie in Berufen arbeiten, die anderen helfen. Manche, die z.B. ein Talent in Sport oder in einem anderen Gebiet haben, sehen nicht die Verbindung.
>
> Du kannst Beispiele zur Veranschaulichung nutzen (z.B. Eric Liddel, der berühmte schottische Athlet, über den der Film „Chariots of Fire" gedreht wurde). Obwohl er als Missionar berufen war, wurde ihm eine athletische Gabe gegeben. Er sagte: „Gott hat mich schnell gemacht. Wenn ich renne, spüre ich seine Freude!" Auf seinem Weg zur Startlinie des 400m Rennens, des Rennens, mit dem er berühmt wurde, wurde ihm ein Stück Papier gegeben mit dem Ausschnitt aus 1. Samuel 2:30. Er las „Wer mich ehrt, den will ich auch ehren.". Wozu auch immer wir berufen sind, dies ist ein Schlüsselprinzip: Gott die Ehre geben!
>
> Manche sind sich unsicher, warum Gott sie geschaffen hat; ermutige sie, dafür zu beten und Gott nach seiner Absicht zu fragen.

Wir beschweren uns vielleicht darüber, wie wir aussehen oder wozu wir fähig sind, aber wir müssen Gott vertrauen, dass, als er uns schuf, er uns mit all dem schuf, was wir brauchen, um seinen Willen in unserem Leben erfüllen zu können.

 ## AMYS GESCHICHTE

Amy war verwirrt. Sie verstand nicht, warum ihre Augen braun waren und nicht blau. Sie betete täglich, dass Gott diesen Fehler, den er bei ihrer Erschaffung gemacht hatte, wieder korrigieren würde. Sie war Irin und sollte blaue Augen haben, aber ihre Augen waren vom ersten Tag ihres Lebens bis zum Tage ihres Todes braun. Erst als sich Amys Zukunft entfaltete, wurde die Weisheit Gottes in ihrem Design offensichtlich.

Gott hatte Amy Carmichael als Missionarin nach Indien berufen, wo sie auf Grund ihrer Augenfarbe leichter akzeptiert wurde. Gott hatte keinen Fehler gemacht; er schuf sie und hatte dabei seine Absicht vor Augen.

Er hat dich auch für ein Ziel geschaffen. Das bedeutet, wir müssen einige Zeit in das Finden seines Plans investieren.

> Glaube eliminiert nicht die Fragen. Aber Glaube weiß, wohin er sie bringen kann.   E. Elliot

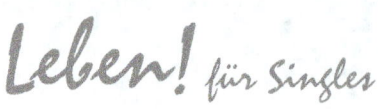

Esthers Geschichte

Esthers Leben begann nicht allzu gut. Sie war Waise und wurde von ihrem Onkel großgezogen. Sie war eine Fremde im Land zu einer politisch unruhigen Zeit und, um es noch schlimmer zu machen, machte ihre Religion sie zu einem weiteren Ziel für Unterdrückung. Oberflächlich betrachtet machte es den Anschein, dass Gott sie verlassen hatte, besonders als sie auch noch gefangen genommen wurde. Esther hatte keine Ahnung, was Gott für ihr Leben plante, aber sie entschied sich, ihm zu vertrauen.

Römer 8:28
Wir wissen aber, dass denen, die Gott lieben, alle Dinge zum Besten dienen, denen, die nach dem Vorsatz berufen sind.

ZURÜCK
Denke an deine Vergangenheit. Bitte Gott, dir mit den Dingen zu helfen, die du erlebt hast und die dir deine Hoffnung für die Zukunft genommen haben.

VORWÄRTS
Gott möchte, dass wir wissen, er hat gute Pläne für unser Leben!

Jeremia 29:11
Denn ich weiß, was für Gedanken ich über euch habe, spricht der Herr, Gedanken des Friedens und nicht des Unheils, um euch eine Zukunft und eine Hoffnung zu geben.

Du kannst Esthers Geschichte in der Bibel lesen. Gottes Plan für ihr Leben war größer, als sie es sich jemals hätte träumen können.

Manch einer liest die Geschichte und konzentriert sich auf die 12 Monate Schönheitsanwendungen, anstatt es als Zeit zu betrachten, in der sie vorbereitet wurde, eine Ehefrau zu sein. Esther war zweifellos dabei, eine Ehefrau zu werden (sie wurde sogar Königin) und sie musste sich auf diese Rolle vorbereiten. Das war jedoch nicht ihre einzige Bestimmung. Gott bereitete sie auf etwas viel Größeres vor. Gott arbeitete an ihrem Herzen, sodass sie ihm vertrauen konnte, egal was kommen würde. Sie sollte ihr Volk retten.

Viele machen diesen Singlekurs nur, um zu erfahren, welche Vorbereitungen sie tun müssen, um den Richtigen zu finden. Wir glauben jedoch, Gott möchte, dass wir uns auf etwas anderes konzentrieren. Unsere Frage sollte sein: „Warum hat er uns geschaffen?" Nutze diesen Zeitraum, um herauszufinden, was Gott möchte, das du tust, und welchen Charakter du brauchst, um seinen Plan in deinem Leben zu erfüllen.

Ehe ist nichts, was dich vor der Ehelosigkeit rettet. Es ist nicht die Erfüllung des Lebens, das sonst sinnlos wäre. Gott hat dich für einen bestimmten Zweck geschaffen.

www.lifeforsingles.com

Leben! für Singles

DIE BESTIMMUNG FINDEN

„Halte eine Versuchung nicht für eine Möglichkeit."

Manchmal behandeln wir das Finden von Gottes Plan für unser Leben genau so, wie das Öffnen eines Glückskekses, in der Hoffnung, dass er uns verrät, was wir wissen müssen.

Deine Bestimmung und Zukunft kann nicht in einem Glückskeks, einer Kristallkugel, im Horoskop oder in deiner Handfläche gefunden werden. Es gibt viele Möglichkeiten, wie Menschen versuchen, ihre Zukunft zu erfahren.

Sei vorsichtig, denn viele dieser Praktiken sind sehr gefährlich, da sie von okkulter Natur sind. Das Okkulte ist nicht unschuldig; widerstehe der Versuchung, dich damit anzulegen. Der einzig wahre Weg, um zu erfahren, was deine Zukunft bereit hält, ist, zum Autor direkt zu gehen. Bitte Gott, dich zu leiten und dir zu zeigen, was du mit deinem Leben tun sollst.

> ### 5. Mose 18:10-14
> Es soll niemand unter dir gefunden werden, der seinen Sohn oder seine Tochter durchs Feuer gehen lässt oder einer, der Wahrsagerei betreibt oder Zeichendeuterei oder ein Beschwörer oder ein Zauberer oder einer, der Geister bannt oder ein Geisterbefrager oder ein Hellseher oder jemand, der sich an die Toten wendet. Denn wer so etwas tut, ist dem HERRN ein Greuel und um solcher Greuel willen vertreibt der HERR, dein Gott, sie vor dir aus deinem Besitz. Du aber sollst dich ganz an den HERRN, deinen Gott, halten; denn diese Heidenvölker, die du aus ihrem Besitz vertreiben sollst, hören auf Zeichendeuter und Wahrsager; dir aber erlaubt der HERR, dein Gott, so etwas nicht.

Wer sitzt am Lenkrad?

Du?

Oder Gott?

Sprüche 3:5-6

Vertraue auf den HERRN von ganzem Herzen und verlass dich nicht auf deinen Verstand; erkenne ihn auf allen deinen Wegen, so wird er deine Pfade ebnen.

Es ist unglaublich schwer, das Recht, unser Leben zu lenken, aufzugeben. Wir können sehr hartnäckig sein, wenn es darum geht, das Lenkrad in den Händen zu behalten und unser Leben selbst zu steuern. Das Problem ist nur, wir haben die Tendenz dazu zu crashen. Sogar wenn wir Gott das Lenkrad geben, können wir versucht sein, ein „Vom-Rücksitz-Fahrer" zu werden. Wir geben Gott Ratschläge, wo es hingehen soll. Wir müssen unser Lenk-Recht Gott abgeben und ihn die Route planen lassen.

Drücke den Lautlos-Knopf

Es ist schwer, Gott zu hören, wenn wir die ganze Zeit am Reden sind.

#lifeforsingles

Leben! für Singles

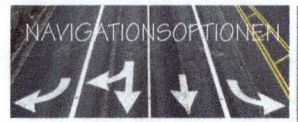 **NAVIGATIONSOPTIONEN** Verbinde einem der jüngeren Teilnehmer die Augen. Bitte sie/ihn, den Weg zwischen ein paar Hindernissen hindurch zu finden. Das erste Mal soll sie/er ohne Anleitung hindurch gehen. Beim zweiten Mal gebe ein paar Hinweise, z.B. zu stoppen, wenn sie/er sonst mit einem Hindernis kollidieren würde. Beim dritten Mal nimm sie/ihn an die Hand.

In den Tagen der Satelliten-Navigationssysteme können wir uns fühlen, als würden wir versuchen, unsere Richtung mit einem Kompass zu finden. Wir haben Schwierigkeiten, Gottes Stimme zu hören, und fühlen uns, als wäre sein Plan ein Geheimnis für uns.

Gott hat für jeden von uns ein Abenteuer. Unsere Straße ist vielleicht nicht die gleiche wie für andere, aber wir dürfen sicher sein, er ist direkt neben uns. Er ist unser Führer auf unbekannten Wegen. Wir müssen, bei dem Versuch die Richtung zu finden, nicht in der Dunkelheit herumstolpern. Wir können Gottes Wort benutzen, um den Weg zu erhellen. Psalm 119:105: „Dein Wort ist meines Fußes Leuchte und ein Licht auf meinem Weg."

Oft sind wir verunsichert, wenn wir mit mehreren Möglichkeiten konfrontiert sind. Gottes Wort wird dir bei den vielen Auswahlmöglichkeiten helfen, durch die du entlang deines Weges steuern musst. Von vielen Dingen gibt die Bibel uns ganz klare Angaben, aber manchmal entscheiden wir uns leider dazu, Gottes Willen zu ignorieren. Seinen Willen zu ignorieren, ist wie Burgen auf Sand bauen.

 *Was sind einige deiner Hoffnungen und Träume?*

SPRÜCHE 16:9
Das Herz des Menschen denkt sich seinen Weg aus, aber der Herr lenkt seine Schritte.

Frage, ob die Teilnehmer bereit sind, ihre eigenen Hoffnungen und Träume niederzulegen und anzuerkennen, dass Gott einen besseren Plan für ihr Leben hat.

DIE ALLGEMEINE RICHTUNG

Vielleicht ist es dir nicht bewusst, aber jeden Tag triffst du tausende Entscheidungen. Denke mal darüber nach: vom Moment an, wo du aufwachst, bis hin zum Moment des Einschlafens musst du Entscheidungen treffen. Du triffst eine Entscheidung, wenn es ums Anziehen geht, was du essen wirst, wann du eine SMS sendest; du triffst eine Entscheidung, ob du die Fernsehkanäle durchschaust oder mit deinen Freunden redest. Viele dieser Entscheidungen laufen unterbewusst ab, aber vielleicht sollten wir bewusster gute tägliche Entscheidungen treffen, sodass, wenn wir vor größeren Entscheidungen stehen, wir schon Übung haben, das Gute zu wählen.

www.lifeforsingles.com

Leben! für Singles

Die meisten unserer täglichen Entscheidungen sind Ich-gesteuert. Wir wurden dazu erzogen, unabhängig zu sein, und dem Individualismus wird Beifall geklatscht. Dich um dich selbst zu kümmern als oberste Priorität zu haben, ist aber nicht der Grund, warum Gott dich geschaffen hat. Tatsächlich ist Gottes Plan ganz anders. Sieh dir Matthäus 22,37-39 an. Diese Passage kann mit einigen wenigen Worten sehr gut zusammengefasst werden und uns befähigen, unser Leben gut zu leben. „Liebe Gott und liebe deinen Nächsten." Wenn du deine Entscheidungen durch diesen Filter laufen lässt, wird dich das auf dem richtigen Weg halten.

 Frage dich die folgenden Fragen:

Zeigen meine Entscheidungen, dass ich Gott mehr liebe als mich selbst?

> Gib ein transparentes Beispiel aus deinem eigenen Leben. Nicht etwas, was du bereits in der Vergangenheit ändern musstest, sondern etwas, an dem du heute noch arbeitest.

Sind meine Entscheidungen Ich-fokussiert oder auf andere fokussiert?

Wenn ich wirklich diese zwei Bestimmungen erfüllen würde (die Zusammenfassung der 10 Gebote), was müsste ich in meinem Leben verändern?

SPEZIELLE BESTIMMUNGEN

Eine weise Person sagte einmal: „Schreibe deinen Plan mit einem Bleistift auf und gebe Gott den Radierer!" Gottes spezielle Bestimmung für dein Leben herauszufinden, kann recht schwierig erscheinen. Also lass es uns versuchen und die Sache vereinfachen, um die Nadel im Heuhaufen zu finden.

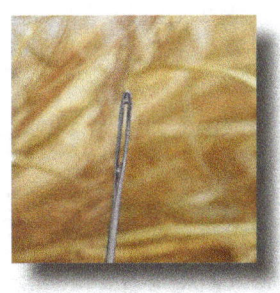

„BEI EINEM WETTRENNEN ZWISCHEN EINEM LÖWEN UND EINEM REH GEWINNT HÄUFIG DAS REH. DENN DER LÖWE RENNT FÜR SEIN ESSEN, DAS REH ABER RENNT UM SEIN LEBEN. BESTIMMUNG IST WICHTIGER ALS BEDÜRFNISSE."

AUTOR UNBEKANNT

#lifeforsingles

Ruf oder Karriere?

Gibt es da einen Unterschied? Für manche Menschen ist ihr Ruf (oder ihre Bestimmung) und ihre Karriere ein und dasselbe. Das trifft aber nicht auf jeden zu. Hier sind ein paar Unterschiede:

KARRIERE

* Ein gewählter Job, der dich mit einem Einkommen versorgt.

* Kann bedeuten, von Ansehen, Geld und materiellem Besitztum getrieben zu werden.

* Deine Karriere kann sich im Leben mehrere Male verändern.

* Karriere kann ich-bezogen sein oder der Absicherung dienen.

RUF

* Ein brennendes, von Gott gegebenes Verlangen, etwas zu tun.

* Deinem Ruf zu folgen bedeutet eher, Opfer zu bringen, anstatt finanziell belohnt zu werden.

* Dein Ruf bleibt grundsätzlich derselbe, auch wenn er sich über die Zeit entwickelt und wächst.

* Im Fokus sind meist Menschen.

Checkliste

• Gibt es etwas, für das du eine Leidenschaft hast? Oft gibt Gott dir nicht nur bestimmte Begabungen/Talente, sondern auch ein tiefes Verlangen etwas Bestimmtes zu tun.

• Stimmt das mit den Anweisungen überein, die Gott dir bereits gegeben hat? Gott widerspricht sich nicht selbst!

• Deine Bestimmung wird ein Leitfaden, der dir hilft, schwierige Entscheidungen zu treffen. Wenn etwas „pro"-Bestimmung ist, dann ist es keine Ablenkung. Wenn sich etwas als „kontra"-Bestimmung verhält, dann solltest du diesen Weg nicht verfolgen.

• Deine Bestimmung zu kennen, wird dir auch dabei helfen, wenn es darum geht, den Richtigen zu finden. Wenn dessen Bestimmung in die entgegengesetzte Richtung geht, dann ist das eine Warnung, die dir sagt, diese Beziehung ist nicht von Gott.

Leben! für Singles

 &

Falls dich Geld, Alter oder Zeitmangel nicht zurück halten würden, womit würdest du am liebsten deine Zeit verbringen?

> PERSÖNLICHES BEISPIEL

Wovon träumst du, wenn es um deine Zukunft geht?

> Ermutige die Teilnehmer, dass jeder Lebensabschnitt in Ordnung ist. Jeden Abschnitt zu durchlaufen, ist ein natürlicher Teil von geistlichem Wachstum. Falls jemand einen Punkt erreicht hat, an dem er sich fühlt, als würde er feststecken, kann er Gott um Hilfe bitten, zu wachsen und weiter zu reifen.

KENNE DEINEN LEBENSABSCHNITT

Die Raupe macht etwas anderes als der Schmetterling. Jeder Abschnitt hat seinen Zweck. Bleibe nicht länger in dem Abschnitt, als es nötig ist, aber lass dich auch nicht zu früh in den letzten Abschnitt treiben.

Es gibt Zeiten, in denen fühlen wir uns für eine Aufgabe nicht genug ausgestattet oder als wenn wir außen vor wären. Eine hilfreiche Frage ist: Bleiben wir, wie wir sind oder muss noch eine Veränderung mit uns geschehen?

DER SCHMETTERLING GEHT DURCH 4 PHASEN, UM EIN AUSGEWACHSENER SCHMETTERLING ZU SEIN

DAS EI: NEUER GLAUBE

Das Ei bezeichnet den Anfang des Lebens. Viele Menschen ignorieren die geistliche Seite ihrer Entwicklung, aber wenn sie sich entscheiden, Jesus ihr Leben zu geben, beginnt ihr geistliches Leben. In diesem Abschnitt ist es wichtig, deinen Glauben zu schützen und ein geistliches Zuhause zu finden.

#lifeforsingles

Leben! für singles

Die Larve: Wachstum

Die Larve wird auch Raupe genannt. Das charakteristische für dieses Stadium ist, dass die Raupe permanent zu fressen scheint. In unserem christlichen Leben brauchen wir gute Nahrung, wenn wir wachsen wollen. Wir müssen die Bibel täglich lesen und beten, wenn wir Wachstum erleben wollen.

Die Puppe: Die Zwischenstufe

Die Raupe formt eine schützende Hülle um sich herum. Dies passiert zu der Zeit, wenn die „Erwachsenen"-Formen des Insekts sich bilden. In diesem Stadium passiert die meiste Veränderung.

Genau so, wie die Puppe gegen mögliche Feinde getarnt ist, ist es für dich wichtig, dich vor weltlichen Einflüssen zu schützen, wenn du durch diese Phase gehst.

Der Schmetterling: Vertraue & Fliege

Wenn der Schmetterling zum ersten Mal erscheint, besitzt er Flügel, die zusammengefaltet sind. Blut muss in die Flügel gepumpt werden, damit sie funktionstüchtig werden. Wir brauchen den Heiligen Geist, der durch unser Leben fließt, damit wir nicht aus unserer eigenen Kraft handeln.

Gott hat einen so wunderbaren Plan für dein Leben! Zu seiner Zeit wird er erfüllt werden!

 In welchem Lebensabschnitt bist du gerade?

www.lifeforsingles.com

Einheit 3

Ein guter Freund sein

Ziel dieser Einheit:

Verstehen, dass wir Freundschaft nicht für selbstverständlich nehmen können.

Den Ruf, den man als Freund hat, berücksichtigen.

Begreifen, wie wichtig es ist, langanhaltende und starke Freundschaften zu bilden.

Destruktive Freundschaftsmuster erkennen und sich davon lösen.

Unsere Masken, hinter denen wir uns verstecken, ablegen, denn sie können destruktiv für eine Freundschaft sein.

Benötigte Utensilien / Notizen zur Planung:

Sparschwein

Papier und Stift

Gebetsfokus:

Die Teilnehmer sollen verstehen, welcher Typ Freund sie sind und was sie verändern müssen, um Freude an stärkeren, tieferen und lange anhaltenden Freundschaften haben zu können.

Notizen aus der Gebetszeit:

Mögliche Probleme: Jeder kennt jemanden, der kein guter Freund war... achtet darauf, dass die Teilnehmer sich darauf konzentrieren, was Gott in ihnen verändern möchte, anstatt darüber zu diskutieren, wie andere sich verändern könnten.

Leben! für Singles

Ein guter Freund sein

ZUERST FREUNDSCHAFT

Bevor wir über irgendwelche anderen Beziehungsarten reden, sollten wir erst auf das Gebiet der Freundschaft schauen.

Die Freundschaften, die wir in unserem Leben bilden, sind unsere „Lehrer". Sie zeigen uns, wie wir uns in einer Freundschaft verhalten sollten. Wir alle können uns an unsere guten Lehrer in der Schule erinnern - manchmal sogar noch besser an unsere schlechten Lehrer. Freundschaften sind dem sehr ähnlich. Nicht alle unsere Freundschaften sind konstruktiv; manchmal lernen wir Lektionen, die unserer Fähigkeit, mit anderen eine Beziehung einzugehen, Schaden zufügen.

> Lege Wert darauf, dass der Fokus dieser Lektion auf dem Teilnehmer als Einzelperson liegt. Freundschaften betreffen immer zwei Seiten, niemals sind sie einseitig. Erfolgreiche Freundschaften benötigen von beiden Seiten Aufwand. In dieser Lektion konzentrieren wir uns auf unsere persönliche Verantwortung in einer Freundschaft. Die nächste Lektion legt ihren Fokus darauf, wie wir gute Freunde auswählen können.

Laut aktuellen Studien wird die Anzahl und Qualität an Freundschaften, die uns erfreuen, immer weniger. Wenn wir bedenken, dass die technologischen Möglichkeiten es viel einfacher machen, in Kontakt zu bleiben, ist das wirklich schockierend.

Freundschaftsverläufe haben sich über die Jahre hinweg verändert. Studien haben gezeigt: Es gibt einen signifikanten Rückgang bei der Anzahl und Qualität der in den USA gebildeten Freundschaften. Wir denken, dasselbe gilt für die ganze Welt.

Wir können Freundschaft also nicht als etwas Selbstverständliches sehen. Es ist eine Beziehung, für die wir arbeiten müssen, um sie zu behalten.

> *Freundschaft ist unnötig, genauso wie Philosophie, Kunst... es hat keinen Überlebenswert; vielmehr ist es eins der Dinge, die dem Überleben einen Wert geben.*
> — C.S. Lewis

FREUNDSCHAFTSSTATISTIKEN

"EVIDENCE OF A TRUE DECLINE IN FRIENDSHIP" (BEWEIS DES RÜCKGANGS AN FREUNDSCHAFTEN) WIRD VON MCPHERSON, SMITH-LOVIN UND BRASHEARS BEREITGESTELLT (2006), DIE EINEN RÜCKGANG DER ANZAHL AN ENGEN FREUNDEN ÜBER DIE LETZTEN 20 JAHRE DOKUMENTIERTEN.

> Verliert euch nicht in Diskussionen, warum Freundschaften weniger geworden sind. Wenn wir Social Media, Geschäftigkeit etc. dafür verantwortlich machen, gibt uns das eine bequeme Ausrede, um von einem Basiselement wegzuschauen - uns selbst. Die Hauptelemente all unserer Freundschaften sind die Entscheidungen, die wir jeden Tag treffen. Es ist unsere Entscheidung, ob wir in Beziehung treten oder in Isolation bleiben.

Sind deine Freunde wirklich enge Freunde?

Leben! für Singles

Du fragst dich vielleicht, warum dein Ruf als Freund wichtig ist. Sicher, wir sind hier, um darüber zu reden, wie man gute Freunde bekommt und nicht, wie man selber als Freund ist! Betrachtest du deine eigenen Fähigkeiten, Freunde zu bekommen und zu behalten, sollte das einige wichtige Prinzipien freilegen, wenn man Beziehungen allgemein betrachtet. Das Sprichwort sagt „wenn du mit einem Finger auf jemand anderen zeigst, zeigen drei Finger auf dich". Also lasst uns einen Blick auf unseren Ruf als Freund werfen.

Wie ist dein Ruf als Freund?

Leite die Teilnehmer dahin, dass sie nicht nur von ihrer eigenen Perspektive ausgehen, sondern auch die Perspektive anderer mit einbeziehen. Wir beurteilen uns selbst anhand unserer Absichten, andere beurteilen uns anhand unserer Taten. Wie geht es uns damit?

Beispiel Sparschwein:

Was bedeutet es, einen guten Ruf zu haben? Lass die Teilnehmer überlegen, welche Merkmale einen guten Freund ausmachen. Während sie Worte überlegen, die einen guten Charakter und Ruf beschreiben, schreibe diese Worte auf einzelne Zettel und stecke sie in das Sparschwein.

Behalte das Sparschwein bis zum Ende der Stunde, dann kannst du die Merkmale nochmal anschauen, um die Teilnehmer daran zu erinnern, woran sie arbeiten sollten.

SPRÜCHE 22:1

Ein guter Name ist wertvoller als großer Reichtum, und Freundlichkeit ist besser als Silber und Gold.

Bist du ein Fluss, ein See, eine Kombi daraus oder eine Pfütze?

DER FLUSS

Vielleicht bist du als „Freund aller" bekannt; einer, der viele Freunde in vielen Kreisen hat und keine Gruppe von festen Freunden braucht. Du kannst mit einem Fluss verglichen werden: Du bist eher jemand, der gerne an vielen Orten unterwegs ist. Es ist nicht deine Art, dich an einem Ort niederzulassen und nur eine Freundesgruppe zu haben.

POSITIV: Du hast viele Freunde, vielleicht sogar überall auf der Welt.

NEGATIV: Du vermisst es, einen Freund zu haben, bei dem selbst dein tiefstes Inneres sicher ist.

#lifeforsingles

Leben! für Singles

DER SEE

Oder vielleicht bist du ein sehr treuer Freund für eine kleine Gruppe an Leuten. Du hast kein Bedürfnis, weitere Freunde zu haben und suchst außerhalb deines Kreises keine weiteren Beziehungen. Du kannst mit einem See verglichen werden; du richtest dich an einem Ort ein und hast tiefgehende Freundschaften.

POSITIV: Du hast Freunde, die mit dir durch dick und dünn gehen.

NEGATIV: Du bist nicht offen für neue Freundschaften. Deine Freundesgruppe gleicht einer Clique.

DIE KOMBINATION

Vielleicht bist du eine Kombination aus beidem: du hast viele Freunde, aber eine bestimmte Gruppe, die dir besonders am Herzen liegt.

POSITIV: Du erfreust dich an den Vorzügen von treuen Freunden und neuen Freundschaften.

NEGATIV: (Sind uns keine bekannt)

DIE PFÜTZE

Du springst schnell und einfach in neue Freundschaften hinein. Du hast Spaß und planschst herum, bis du gelangweilt gehst und eine andere Pfütze findest. Die Beziehungen, die du bildest, sind flach, und du redest nur über oberflächliche Dinge.

POSITIV: Neue Freunde finden macht dir Spaß.

NEGATIV: Es gibt keinen, dem du vertrauen kannst. Keiner vertraut dir.

Schreibe auf, wie dein Stil bei Freundschaften ist.

Ermutige die Teilnehmer zur Selbstreflexion, wie sie in der Vergangenheit Freundschaften geführt haben. Manche finden vielleicht, dass sie einen Mix aus den verschiedenen Stilen haben, je nach sozialer Umgebung oder Freundschaftsgruppe. Hilf ihnen, ihren vorherrschenden Freundschaftsstil herauszufinden, und erwähne beides, die positiven sowie die negativen Aspekte dieses Stils. Ermutige sie, an den negativen Aspekten zu arbeiten, sodass sie sich einen guten Ruf als Freund erwerben.

Sprüche 18:24

Wer viele Gefährten hat, der wird daran zugrunde gehen, aber es gibt einen Freund, der anhänglicher ist als ein Bruder.

BEANTWORTE FOLGENDE FRAGEN:

- Bist du in deinen Freundschaften beständig?
- Strebst du eher danach, das Beste deines Freundes zu verfolgen oder geht es um deine eigenen Interessen?
- Reagierst du auf deine Freunde eher mit Empathie als mit Sympathie?
- Bist du ehrlich genug, die Wahrheit auszusprechen, z.B. auf einen Fehler hinzuweisen?
- Kann man dir vertrauen?

 *Ich bin ...*

Das Erkennen von Mustern kann schwierig sein. Sei vorbereitet, ein paar Beispiele zu positiven und negativen Freundschaftsmustern zu geben. Am besten ist es, wenn die Teilnehmer die Muster für sich alleine erkennen, aber sei bereit, Beispiele zu geben, wenn ihnen keine einfallen. Hier sind einige Vorschläge:

- Alles-oder-nichts-Mentalität; zu viel von anderen erwarten

- einen Groll hegen

- eine Cliquen-Mentalität haben, die andere aus deinem Freundeskreis ausschließt

GEWOHNHEITEN

Die meisten Menschen denken, so wie sie leben und mit Dingen umgehen, nicht über diese Muster nach. Dies hier ist eine Gelegenheit, einen näheren Blick auf die Muster in deinem Leben zu werfen.

Es kann schwer sein, Muster zu erkennen, und manchmal brauchen wir die Hilfe von anderen, die uns auf das hinweisen, was für uns nicht offensichtlich ist. Sieh dir das obige Bild an. Das, was du siehst, hängt davon ab, auf welchen Bereich du dich konzentrierst. Du musst deine Perspektive verändern, damit du die Dinge aus einem anderen Winkel sehen kannst.

Wenn du auf die Art und Weise schaust, wie du Freundschaften bildest und behältst, konzentriere dich auf beide Aspekte, das Positive und das Negative. Wenn du ein negatives Verhaltensmuster siehst, dann bitte Gott, dir beim Brechen dieses Musters zu helfen.

Wenn du dich auf eine Beziehung mit einer anderen Person vorbereitest, ist es wichtig, die Freundschaftsmuster genauer zu betrachten, die du über die Jahre hinweg entwickelt hast. Vielleicht entdeckst du, dass du wie ein oder sogar zwei Elternteile von dir an Freundschaften herangehst. Vielleicht hast du aber auch deine eigene Herangehensweise entwickelt, wie man Freundschaften schließt und behält. Sei dir bewusst, dass dein Lebenspartner dein bester Freund sein sollte!

Leben! für Singles

Oft können wir Verhaltensmuster durch Generationen hindurch aufspüren. Welche positiven oder negativen Muster kannst du identifizieren?

Gewohnheiten/Lebensmuster:

Vielleicht hast du das Gefühl, nicht viel mit deinen Eltern gemeinsam zu haben, aber ein Blick auf die Art und Weise, wie sie mit Freunden umgehen, kann recht viele Gemeinsamkeiten deutlich machen. Diese negativen vererbten oder generationsbedingten Lebensmuster müssen nicht weiter bestehen bleiben. Du kannst Gott bitten, dir zu helfen, die positiven Eigenschaften zu spiegeln und die negativen Muster zu stoppen.

Mit Gottes Hilfe kannst du von jedem negativen Lebensmuster frei werden und lernen, neue gesunde Muster zu etablieren. Nimm dir Zeit zu beten und bitte Gott, dir beim Brechen von negativen Gewohnheiten, was Freundschaften angeht, zu helfen.

Wenn du enge Freundschaften mit Menschen vom anderen Geschlecht hast, solltest du die Grenzen nochmal ehrlich neu definieren und neue Grundregeln etablieren, wie du mit diesen Freunden kommunizierst, das Thema Berührung handhabst und Zeit verbringst.

Sendest du gemischte Signale?
Bedenke: Wieviel Zeit verbringt ihr zusammen?
           Bist du freundlich oder flirtest du?
           Hat einer von euch tiefere Gefühle für den anderen?

Hast du ungesunde Grenzen mit Freunden vom anderen Geschlecht?

Würdest du es in Betracht ziehen, genauso viel Zeit mit dieser Person zu verbringen, wenn sie/er dein/e Schwester/Bruder wäre?

Wenn dein Ehepartner entdeckt, nachdem du eines Tages verheiratet bist, wie du Dinge mit deinen Freunden teilst, die du eigentlich mit ihm/ihr teilen solltest, könnte dein Ehepartner sich betrogen fühlen und denken, du bist nicht vertrauenswürdig. Andererseits, die Freunde, die immer für dich da waren, verstehen es vielleicht nicht, dass du nicht mehr das mit ihnen teilst, was ihr sonst miteinander geteilt habt. Das gilt besonders für die Freunde, die immer noch unverheiratet sind und nicht durch die gleiche Erfahrung gegangen sind wie du. Der Schlüssel ist, eine Balance mit deinen Freunden zu finden, die sicherstellt, dass dein Partner dein Vertrauter Nummer eins ist. Letztendlich kommen und gehen Freunde, aber dein Ehepartner wird dein lebenslanger Freund sein.

Wenn Gott dir den Richtigen in dein Leben stellt, werden Anpassungen an früheren Freundschaften nicht weh tun, sondern ganz natürlich sein.

Wenn du im Moment in keiner Beziehung bist, nutze jetzt die Zeit, um gesunde Grenzen in Freundschaften mit dem anderen Geschlecht zu setzen. Das wird dir beim Übergangsprozess, der später in deinem Leben kommt, helfen.

www.lifeforsingles.com

Leben! für Singles

Was ist an Veränderung nötig?

Teile mit der Gruppe ein Beispiel aus deinem Leben, wo Prioritäten verändert werden mussten.

Wenn du einen engen Freundeskreis mit gleichgeschlechtlichen Freunden hast, solltest du darauf achten, dass dein Partner Priorität hat und nicht deine engen Freunde. Finde eine gute Balance! Deinen Freunden nicht die Priorität zu geben, bedeutet nicht, dich von ihnen zu isolieren.

Was denkst du, ist eine gesunde Balance?

FREUNDSCHAFT DURCH SOCIAL MEDIA

Soziale Netzwerke sind in unserer Gesellschaft zur Norm geworden. Sind jedoch die Freundschaften, die online geschlossen wurden, genauso real und gültig, wie Freundschaften, die von Angesicht zu Angesicht entstanden?

Die früheren Wege, Freundschaften zu schließen, sind nicht veraltet, jedoch sind sie nicht die einzigen Wege, wie die heutige Generation Freunde findet. Freundschaften werden auch durch soziale Medien gebildet.

#lifeforsingles

Leben! für Singles

7%-38%-55% Regel

Albert Mehrabian hat sich etwas ausgedacht, was heute als die 7%-38%-55% Regel bekannt ist. Die Regel betrifft die Wichtigkeit von Worten, Tonlage und Körpersprache, wenn wir mit anderen kommunizieren.

 Wenn diese Betrachtung richtig ist, was sagt das über die Qualität von Kommunikation via Social Media und SMS aus?

 Deine Gedanken dazu:

Das Ziel dieses Abschnitts ist, zu betonen, wie wichtig vorsichtige und klare Kommunikation ist. Tappe nicht in die Falle, Social Media abzulehnen. Per Internet zu kommunizieren hat seinen Platz und kann ein nützliches Werkzeug zum Pflegen von Freundschaften sein. Allerdings sollten auch die Schwächen betont werden.

Weitere mögliche Fragen:

Findest du, es ist einfacher, sich misszuverstehen, wenn man per Social Media oder von Angesicht zu Angesicht kommuniziert?

Wie viele deiner Social Media Freunde sind echte Freunde?

Studien zeigen, dass sich Einsamkeit in den letzten 20 Jahren verdreifacht hat. Verantwortlich dafür wurde Social Media gemacht. Wie denkst du, ist das möglich?

Wie ist deine Meinung zum Thema, einen Partner per Social Media oder Datingseiten zu finden?

Diese Frage kann nahtlos in das nächste Thema überleiten: Sich hinter virtuellen Figuren verstecken.

Viele Menschen verstecken ihr wahres Ich hinter virtuellen Onlinefiguren oder einem Internetprofil. Das Bild, das sie dabei von sich entwerfen, ist nicht wie sie sind, sondern wie sie gerne sein würden oder wie sie sich wünschen, dass andere sie sehen.

Selbst-Präsentation *oder* Selbst-Offenbarung

Forschungen zeigen uns, dass Selbstoffenbarung – nicht allgemeine Interessen – die Basis für alle tiefen Freundschaften ist.

Besser mit Ehre verlieren, als mit Betrug gewinnen. — Sophocles

www.lifeforsingles.com

SELBST-PRÄSENTATION PROJIZIERT NUR EIN BILD (OHNE UNSER WAHRES ICH ZU ZEIGEN).

SELBST-OFFENBARUNG DAGEGEN LÄSST ANDERE WIRKLICH SEHEN, WER WIR SIND.

Ob wir nun Facebook oder Twitter zur Kommunikation mit unseren Freunden nutzen oder ob wir von Angesicht zu Angesicht kommunizieren, wir müssen realisieren, dass der einzige Weg, um wahre Freundschaften zu erreichen und anhaltende Beziehungen zu bilden, unsere Maske fallen zu lassen ist.

 Wir raten davon ab, Informationen an Menschen weiterzugeben, die du nicht kennst!

Berücksichtige das Alter der Teilnehmer. Alle Altersgruppen sollen sich der Bedenken bewusst sein, allerdings sind die Bedenken von jungen Berufstätigen anders als die von Schülern.

WAS ES KOSTET, DIE MASKE AUFRECHT ZU HALTEN

Bis zu einem bestimmten Grad tragen wir alle Masken. Zuhause sind wir wir selbst, aber auf der Arbeit tragen wir eine Maske oder wenn wir mit Freunden unterwegs sind. Es kostet seinen Preis, die Maske aufrecht zu halten. Du bist nicht der Einzige, den das etwas kostet. Auch die Leute um dich herum sind davon betroffen.

WAS ES DICH KOSTET

ERSCHÖPFUNG

Es ist nicht leicht, eine Fassade oder einen Anschein aufrecht zu halten. Du bist immer ein Schauspieler, der immer eine Rolle spielt. Das Langzeitresultat dieses Schauspiels ist Erschöpfung.

FINANZEN

Wenn deine Maske tragen auch beinhaltet, dass du die richtigen Marken tragen musst, dann hast du auch finanzielle Kosten. Deine Maske verdeckt nicht nur dein Gesicht, sondern auch deinen Körper. Freunden sich die anderen dann mit dir an oder mit einer Vorstellung von dir?

SPONTANITÄT

Wenn du eine Maske trägst, kannst du nicht einfach mal loslassen und etwas machen, das charakteruntypisch für deine Maske ist. Die Maske platziert Schranken und Grenzen. Anstatt dass du die facettenreiche Person bist, als die Gott dich geschaffen hat, spielst du die Rolle eines eindimensionalen Charakters.

EINE ECHTE BEZIEHUNG

So lange, wie du die Maske auf hast, werden die Beziehungen, die du hast, immer auf einem oberflächlichen Level sein. Du wirst keine Sicherheit haben, da du Angst hast, falls du deine Maske ablegst.

Leben! für Singles

 Hast du Angst davor, anderen dein wahres Ich zu zeigen?

Angst kann die Maske an ihrem Platz halten. Wir haben Angst davor, von anderen abgelehnt zu werden, wenn sie herausfinden, wer wir wirklich sind. Der Schritt ist, uns selbst anzunehmen, wie wir sind. Wenn wir uns in unserer eigenen Haut wohl fühlen, dann können wir auch die Maske fallen lassen und „echt" mit denjenigen sein, die um uns herum sind.

„Du kannst vielleicht alle Leute eine gewisse Zeit täuschen oder sogar einige Leute die ganze Zeit, aber du kannst niemals alle Leute immer täuschen."

Sprüche 20:11

Schon ein Knabe gibt durch sein Verhalten zu erkennen, ob sein Tun lauter und redlich ist.

 **Täuschst du wirklich irgendjemanden?**

Wenn du das Gefühl hast, dass du dein wahres Ich versteckt hast, dann bitte Gott um Hilfe und Mut, du selbst sein zu können. Dich dieser Unsicherheit zu stellen und in der Lage zu sein, anderen zu zeigen, wer du wirklich bist, wird dich befähigen, wirklich bedeutungsvolle Beziehungen zu knüpfen. Galater 1:10 hilft uns sehr, all das ins rechte Licht zu rücken.

Galater 1:10

Rede ich denn jetzt Menschen oder Gott zuliebe? Oder suche ich Menschen zu gefallen? Wenn ich allerdings noch den Menschen gefällig wäre, so wäre ich nicht ein Knecht des Christus.

 Manchmal möchten wir unsere Maske nicht fallen lassen, weil wir um unsere Charakterschwächen wissen und dass Christus in bestimmten Bereichen an uns arbeiten muss. Bete und bitte Gott, dass er dauerhafte Veränderung in diesen Bereichen bewirkt. Wenn Gott diese Arbeit vollbringt, dann brauchen wir keine Maske.

Römer 12:2

Passt euch nicht diesem Wettlauf an, sondern lasst euch in eurem Wesen verwandeln durch die Erneuerung eures Sinnes, damit ihr prüfen könnt, was der gute und wohlgefällige und vollkommene Wille Gottes ist.

Betet für die, die ihr Leben Christus geben möchten, und betet für die, die sich von dem Druck befreien wollen, sich hinter einer Maske verstecken zu müssen.

www.lifeforsingles.com

Einheit 4: Wähle die richtigen Freunde

Leben! für Singles

Ziel dieser Einheit:

Verstehen, dass wir unsere Freunde wählen können und nicht zufällig in irgendwelche Freundschaften hinein rutschen.

Momentane Freundschaften beurteilen und feststellen, wie gesund diese sind.

Verstehen, dass wir Freundschaften, die ein Geben und Nehmen sind, pflegen müssen.

Verstehen, dass wir eine Freundschaft mit Gott brauchen.

Begreifen, dass eine gute Ehe auf einer guten Freundschaft aufgebaut ist.

Benötigte Utensilien / Notizen zur Planung:

Stuhl

Zwei Freiwillige

Gebetsfokus:

Die Teilnehmer sollen verstehen, wie wichtig Freundschaft ist; nicht nur für die Gegenwart, sondern auch für die Zukunft.

Das Wichtigste ist, dass die Teilnehmer sich so entwickeln, dass sie eine Freundschaft mit Gott finden können.

Notizen der Gebetszeit:

Mögliche Probleme:

Sei bereit, jedem zu dienen, der bemerkt, dass er große Umstellungen machen muss und sich davon überwältigt fühlt.

#lifeforsingles

Leben! für Singles

Wähle die richtigen Freunde

WÄHLE DIE RICHTIGEN FREUNDE

Manchmal scheint es, dass wir eher in Freundschaften hineinschlittern, als dass wir sie bewusst wählen.

Diese Lektion fordert uns heraus, unsere Denkweise zu verändern. Das wird dir helfen zu erkennen, ob jemand ein guter Freund ist oder nicht. Ein Freund, der dein Leben lang ein Freund sein wird!

> **1. Mose 2:18**
>
> Und Gott, der Herr, sprach: „Es ist nicht gut, dass der Mensch alleine sei; ich will ihm eine Gehilfin machen, die ihm entspricht."

Gott sagt uns, es ist nicht gut, wenn Menschen alleine sind. Wir wurden nicht zum Alleinsein geschaffen. Als Alleinstehender fühlen sich viele einsam und alleine. Manchmal tolerieren wir „Freunde", die uns nicht gut tun, weil wir Angst vor Einsamkeit haben. Genau deshalb ist es umso wichtiger, gute und gesunde Freundschaften zu bilden.

Wie man gute Freundschaften beginnt und aufrecht erhält, ist eine wesentliche Fähigkeit. Viele verheiratete Paare sind mit Einsamkeit konfrontiert, da sie nicht verstanden haben, wie eine Beziehung auf freundschaftlicher Ebene funktioniert.

> Freundschaften bilden und aufrecht erhalten, ist eine wesentliche Fähigkeit. Gott hat uns dazu geschaffen, miteinander verbunden zu sein.
>
> Psalm 68:6a: Gott sieht die Einsamen in Familien.
>
> In unserer heutigen Gesellschaft wissen viele Familien nicht, wie man gut miteinander kommuniziert. Unabhängigkeit wird als wertvoll angepriesen und fördert somit Einsamkeit.

Du kannst mitten in einem vollen Raum sein und dich trotzdem einsam fühlen. Einsamkeit wird nicht bekämpft, indem man sein Leben mit Menschen füllt. Einsamkeit wird bekämpft, wenn du Gemeinschaft und echte Freunde findest.

Gute Freunde zu haben hilft uns, mit Situationen umzugehen, mit denen wir konfrontiert werden - den guten sowie den schlechten (Römer 12:15).

Gute Freunde sind eine große Hilfe in Zeiten, in denen wir Rat brauchen (Sprüche 27:9).

Zeige mir deine Freunde und ich zeige dir dann deine Zukunft.

In dieser Äußerung steckt viel Wahrheit. Wir müssen unsere Freunde weise wählen, denn sie beeinflussen, wer wir sind und welche Richtung unser Leben nimmt. Daher macht es Sinn, sich Zeit zu nehmen und darüber nachzudenken, in welche Art von Freundschaften wir investieren wollen.

www.lifeforsingles.com

Leben! für Singles

Es ist sehr wichtig, Freundschaften weise zu wählen. Im Wörterbuch wird das Wort „Freund" folgendermaßen beschrieben: „Eine Person, die man kennt, mag und der man vertraut."

- *Wie gut kennst du deine Freunde?*

- *Magst du sie?*

- *Vertraust du ihnen?*

- *Warum? / Warum nicht?*

Eine der Schlüsselkomponenten für jede Freundschaft ist die Fähigkeit, dieser Person zu vertrauen. Ohne Vertrauen wirst du nie in der Lage sein, dein wahres Ich zum Ausdruck zu bringen.

 Wie kannst du herausfinden, ob jemand vertrauenswürdig ist?

Diskutiert über Strategien, wie man herausfinden kann, ob jemand vertrauenswürdig ist, z.B.:
a) Zuhören. Wenn sie über andere lästern, dann ist es ziemlich wahrscheinlich, dass sie auch über dich lästern werden.
b) Teile dem anderen etwas über dich mit, das nur wenige von dir wissen, was aber nicht sehr bedeutsam ist. Wenn du dies dann von anderen hörst, weißt du, dass die Person nicht vertrauenswürdig ist.

 Lästern sie?

Wenn sie über andere reden, dann reden sie auch über dich! Denke nicht, dass du die Ausnahme der Regel bist.

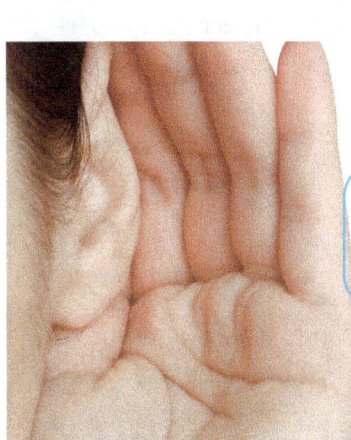

> SPRÜCHE 20:19
> Ein Verleumder redet Geheimnisse aus; lass dich nicht mit ihm ein.

> SPRÜCHE 16:28
> Ein verdrehter Mann entfesselt Streit, ein Verleumder trennt Freunde.

> SPRÜCHE 11:13
> Ein Verleumder plaudert Geheimnisse aus, aber eine treue Seele nicht.

Lästerei kann das Potential haben, anderen Freundschaften zu schaden. Darum ist der Ratschlag der Bibel, Menschen zu meiden, deren Charakterschwäche das Lästern ist.

#lifeforsingles

Leben! für Singles

Was solltest du tun, wenn du dich in einer Gruppe von Freunden wiederfindest, wo Lästerei vorherrschend ist und/oder du selber der Lästerei schuldig bist?

Leite die Diskussion, aber erlaube den Teilnehmern selber Vorschläge zu formulieren. Ermutige diejenigen, die selber lästern, dass sie dieses Lebensmuster brechen können.

Es gibt viele interessante Ratschläge in der Bibel über die Art Menschen, mit denen wir befreundet sein sollten oder dies eben vermeiden sollten. Das trifft übrigens auf jeden zu, bei dem wir überlegen, ob wir in eine Beziehung mit ihm treten wollen.

Meistens dauert es nicht lange zu erkennen, wie jemand unter Druck reagiert, besonders wenn er schnell reizbar ist. Das Negative ist nicht nur, dass er schnell wütend auf dich werden kann, sondern dass er einen schlechten Einfluss auf dich haben kann.

 SPRÜCHE 22:24-25

Freunde dich nicht mit einem Zornmütigen an und geh nicht um mit einem Hitzkopf, damit du dir nicht seinen Wandel angewöhnst und er dir nicht zum Fallstrick deiner Seele wird.

Hast du Freunde, die Probleme mit Wut/Zorn haben?

Das bedeutet nicht, dass Freunde niemals Meinungsverschiedenheiten haben. Sie wissen jedoch, wie man Konflikte auf eine gesunde Art und Weise löst. Wenn sie mit dir nicht übereinstimmen und dir ihren Standpunkt erklären, müssen sie dich nicht runtermachen oder verlieren nicht die Kontrolle.

 Ziehen deine Freunde dich von Gott weg?

Bitte eine Person, sich auf einen Stuhl zu stellen und eine andere Person zu sich herauf zu ziehen. Dies veranschaulicht, dass es einfacher ist, jemanden runter zu ziehen als rauf zu ziehen. Selbst wenn man denkt, man ist stark, unter Gruppenzwang ist es leicht zu fallen.

JAKOBUS 4:4

Ihr Ehebrecher und Ehebrecherinnen, wisst ihr nicht, dass die Freundschaft mit der Welt Feindschaft gegen Gott ist? Wer also ein Freund der Welt sein will, der macht sich zum Feind Gottes.

Einheit 4 — Wähle die richtigen Freunde

www.lifeforsingles.com

Leben! für Singles

Wähle dir deine Freunde weise!

> **Sprüche 12:26**
>
> Der Gerechte zeigt seinem Nächsten den rechten Weg, aber der Weg der Gottlosen führt sie irre.

> **Sprüche 13:20**
>
> Der Umgang mit Weisen macht weise, wer sich aber mit Narren einlässt, dem geht es schlecht.

> **1. Korinther 15:33**
>
> Lasst euch nicht irreführen; schlechter Umgang verdirbt gute Sitten.

Während wir den Charakter und die Eigenschaften unserer Freunde betrachten, wird es ein natürlicher Prozess sein, den gleichen Maßstab und Standard bei dir selber geltend zu machen. Da, wo dein Einfluss auf andere nicht gut ist, bitte Gott um Vergebung und dass er dir hilft, dich zu verändern.

 Wurdest du in der Vergangenheit von Freunden negativ beeinflusst?

 Manche brauchen eine Definition von negativem Verhalten: Jeder, der dir Leid zufügt oder dich ermutigt, dir selber Leid zuzufügen (emotional, körperlich oder geistlich).

Welche Schritte kannst du gehen, um Raum zwischen dich und Freunde, die einen schlechten Einfluss auf dich haben, zu bringen?

GESUNDE FREUNDSCHAFTEN

Wir alle brauchen gute Freundschaften. Wir brauchen Gemeinschaft und gesunde Beziehungen. Jesus hat ein Beispiel gegeben, wie man ein wahrer Freund ist: indem er selbstlos war.

> **Johannes 15:13**
>
> Größere Liebe hat niemand als die, dass er sein Leben lässt für seine Freunde.

Freundschaften müssen ausgeglichen sein. Es ist gut, Menschen aus deiner Peergroup zu haben, mit denen du Freundschaften aufbauen kannst, in denen ein gesundes Geben und Nehmen herrscht.

Freunde sollten:

- Beständig sein
- Große Ohren haben (gute Zuhörer)
- Mit dir durch Dick und Dünn gehen

Allerdings werden nicht alle Freundschaften genau gleich sein.

Leben! für Singles

> **Sprüche 17:17**
>
> Ein Freund liebt zu jeder Zeit und als Bruder für die Not wird er geboren.

Freundschaft ist etwas, das beständig sein sollte. Du solltest nicht darüber besorgt sein, ob jemand, der heute dein Freund ist, am nächsten Tag auch noch dein Freund ist.

Ein Freund ist jemand, der dich unterstützt und dir hilft, selbst wenn Dinge nicht so laufen, wie du gerne möchtest. Du solltest dich, wenn du mit ihm zusammen bist, so wohl fühlen, dass du du selbst sein kannst.

 Würden deine Freunde deine Freunde bleiben, egal was kommt?

> Sind sie nur freundlich, wenn dabei etwas für sie rausspringt? Tauchen sie auf, wenn du Hilfe brauchst? Stehen sie nur in deinen erfolgreichen Zeiten zu dir?

Kannst du du selbst sein, wenn du mit deinen Freunden zusammen bist?

> Sei vorsichtig! Es muss nicht unbedingt etwas mit der Glaubwürdigkeit des Freundes zu tun haben. Manchmal hat es mit einer tiefen Unsicherheit oder Angst des Teilnehmers zu tun.

Spürst du irgendeinen Druck, dein wahres Ich zu verstecken, damit du akzeptiert werden kannst?

> Wenn jemand sieht, wie die Peergroup andere aufgrund eines bestimmten Verhaltens, bestimmter Kleidung o.Ä. ablehnt, kann der Druck entstehen, sich anpassen zu müssen.

Gute Freunde sind ehrlich

> **Sprüche 27:6**
>
> Treu gemeint sind die Schläge des Freundes, aber reichlich sind die Küsse des Hassers.

Gute Freunde sind ehrlich zu dir. Wir können versucht sein, jemanden abzulehnen, weil er etwas gesagt hat, das wir als schmerzhaft empfunden haben.

Frage dich selbst, ob derjenige dir wirklich weh tun wollte oder ob er versucht hat, dir zu helfen.

Ein guter Freund wird dich nicht anlügen, selbst wenn es schwierig sein sollte, die Wahrheit zu hören. Du kannst darauf vertrauen, dass wenn sie ihre Meinung darlegen, es eine ehrliche Meinung ist. Das bedeutet nicht, dass sie dies auf eine herbe Art und Weise kommunizieren, aber sie werden es dir mitteilen, selbst wenn es auch ihnen selbst weh tut.

 Kannst du dich an etwas erinnern, das dir ein Freund gesagt hat, das schwer war zu hören, das du aber wirklich hören musstest?

> PERSÖNLICHES BEISPIEL

Einheit 4 — Wähle die richtigen Freunde

Leben! für Singles

HINEINGIESSEN

Freund und Mentor

- Jemanden finden, der dich lehrt, berät und geistlich schult
- Jemand, von dem du Leitung und Hilfe erfährst

> Benutze das Wort Gottes immer als Maßstab. Wenn der Ratschlag nicht mit dem Wort Gottes übereinstimmt, dann lehne den Ratschlag ab. Gehe nicht solange von Person zu Person, bis du das hörst, was du hören möchtest.

SOLLTE WIE FOLGT SEIN...

- Reif im Glauben
- Bereit, dich herauszufordern
- Von einem Freund zugefügten Wunden kann vertraut werden (Sprüche 27:6)
- Seine Weisheit sollte nicht nur weltlich sein, sondern geistlich
- Jemand, den du respektierst
- Du solltest seinen Charakter kennen

AUSGIESSEN

Wasserstagnation tritt auf, wenn Wasser aufhört zu fließen. Es ist gut, wenn andere in dich hinein investieren, aber es ist genauso wichtig, dass du für andere ein Segen bist.

Johannes 15:16 sagt uns, dass Gott für unser Leben einen Plan und eine Bestimmung hat. Wenn wir ich-fokussiert sind, dann werden wir keine Frucht bringen. Dieser Vers ermutigt uns, dass wir etwas Bedeutsames tun können; etwas, das bleibt.

Wenn wir in das Leben anderer investieren, dann müssen wir selber innerlich ausgeglichen sein.

> **Johannes 15:16**
> Nicht ihr habt mich erwählt, sondern ich habe euch erwählt und euch dazu bestimmt, dass ihr hingeht und Frucht bringt und eure Frucht bleibt, damit der Vater euch gibt, worum ihr ihn bittet.

FREUNDE ZU HABEN, DIE DICH UM ZUSPRUCH UND RAT BITTEN, KANN ZEHREND SEIN

- Du solltest gesunde Grenzen etablieren
- Sei bereit, auch mal Nein zu sagen
- Nimm dir Zeit für dich selber

Sei vorsichtig, wenn du nur zehrende Freundschaften hast. Du wirst bald erschöpft sein. Halte Ausschau nach Freundschaften, in denen es ein Geben und Nehmen ist.

> Oft finden Menschen, die im geistlichen Dienst stehen oder die Gabe der Barmherzigkeit haben, dass ihre Freundschaften ausschließlich Freundschaften sind, in die sie investieren. Tiefe Einsamkeit und Depression können sich einstellen, wenn sie kein Ventil haben.

Einheit 4 — Wähle die richtigen Freunde

#lifeforsingles

Geben und Nehmen

Freundschaften wurden nicht geschaffen, um einseitig zu sein. Eine Freundschaft sollte etwas sein, das Leben und Energie für beide Seiten bringt. Eine beiderseitige Zufriedenheit.

BEIDERSEITIGE FREUNDSCHAFT

- IST AUSGEGLICHEN
- BRINGT ENERGIE, ZEHRT NICHT AUS
- ERBLÜHT GANZ NATÜRLICH
- IST NICHT ERZWUNGEN
- IST EHRLICH

Obwohl wir alle unsere Komfortzone haben, ist es wichtig, andere nah genug an uns heran zu lassen, damit sich gesunde Freundschaften bilden können.

FREUNDSCHAFT MIT GOTT

Dies ist sowohl für die eine Herausforderung, die Gott noch nicht kennen, als auch für die, die Gott kennen, aber ihre Freundschaft mit ihm noch nicht vorangetrieben haben. Überspringe diesen Punkt nicht, selbst wenn du denkst, du kennst deine Gruppe!

Jakobus 2:23: Abraham wurde Gottes Freund genannt.

SPRÜCHE 18:24

Wer viele Gefährten hat, der wird daran zugrunde gehen, aber es gibt einen Freund, der anhänglicher ist als ein Bruder.

Wenn wir einen Blick auf unsere Freundschaft mit Gott werfen, ist das eine einseitige Sache?

- Geben wir ihm eine Wunschliste unserer Bedürfnisse, nehmen uns aber nie Zeit herauszufinden, was er denkt und möchte?

- Halten wir ihn auf Armlänge von uns?

- Wenn du mit Gott redest, wieviel Zeit davon sprichst du selber?

- Wieviel Zeit verbringst du mit Zuhören?

Leben! für Singles

DREI ARTEN DER LIEBE

Agape

Die erste Art ist die „Agape"-Liebe. Dies ist eine bedingungslose Liebe, die sich aufopfert und rücksichtsvoll ist. Gott zeigt uns diese Art der Liebe und wir sollen anderen genauso begegnen.

Wie selbstlos und rücksichtsvoll bist du anderen gegenüber?

> Epheser 2:4-5: Gott aber, der reich ist an Erbarmen, hat um seiner großen LIEBE willen, mit der er uns geliebt hat, auch uns, die wir tot waren durch Übertretungen, mit dem Christus lebendig gemacht – aus Gnade seid ihr errettet!

Die zweite Art ist die „Philia"-Liebe, die häufig mit „Freundschaft" übersetzt wird. Sie kann auch als brüderliche Liebe bezeichnet werden.

Wenn uns jemand in einer Freundschaft näher kommt, dann reagieren wir mit beiden Arten, mit Agape- und mit Philia-Liebe. Die „Eros"-Liebe ist nur für die Ehe gedacht.

Philia

Verhälst du dich zu den Menschen um dich herum korrekt?

> An vielen Stellen wird philia mit freundlich/gütig übersetzt.

 Im Griechischen wird ein viertes Wort für Liebe benutzt: Storge. Es definiert die Liebe in einer Familie.

Unser Ehepartner fällt nicht vom Himmel. Er fängt als unser Bekannter an und muss sich dann in den Bereich der Freundschaft bewegen, wo wir ihm mit Agape- und Philia-Liebe begegnen. Überstürze das Freundschaftsstadium nicht! Wenn du einen Ehepartner wählst, wirst du dein Leben lang in dieser ausschließlichen Beziehung sein. Sei dir sicher, dass es jemand ist, mit dem du gut befreundet bist.

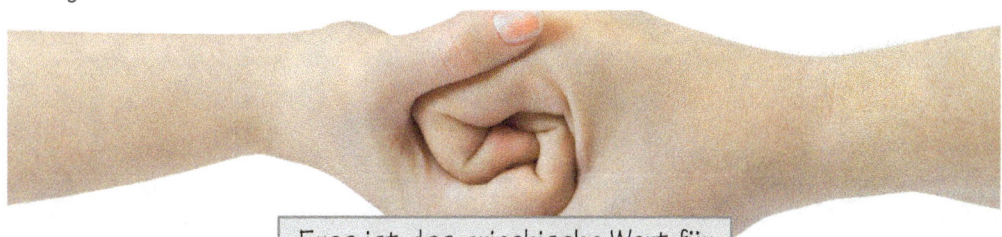

> Eros ist das griechische Wort für sexuelle Liebe.

Eros-Liebe ist nur für die Ehe gedacht.

#lifeforsingles

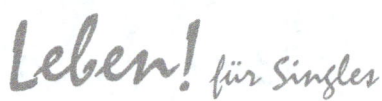

SICH MIT DEN WUNDEN DER VERGANGENHEIT BESCHÄFTIGEN

Bitte Gott um Hilfe, denjenigen zu vergeben, die dich verletzt haben, und dass er die Verletzungen heilt.

Gesunde Freundschaften brauchen Grenzen. Wenn du ungesunde Freundschaften erlebt hast, kann es sein, dass deine Grenzen beschädigt sind. Das wiederum kann dich in der Zukunft vom Formen gesunder Freundschaften abhalten. Ablehnung und Mobbing bewirken bei uns das Aufstellen hoher Stacheldrahtmauern. Diese Mauern können kaum überwunden werden, ohne sich dabei zu verletzen. Als Resultat, dass auch keiner über die Mauern zu uns heran kann, verstärkt sich das Gefühl der Ablehnung noch weiter.

UNGESUNDE GRENZEN WERDEN GEFORMT VON ...

HARSCHEN WORTEN — GEDANKENLOSEN AKTIONEN — SCHLECHTEN EINSTELLUNGEN

Bitte Gott, dir beim Brechen negativer Muster betreffs Freundschaften zu helfen und neue/gute Muster zu etablieren, die liebevolle und dauerhafte Freundschaften ermöglichen.

Stehe für jeden zur Verfügung, der während des Vergebungsprozesses Unterstützung braucht. Loszulassen ist nicht leicht. Sei einfühlsam und ermutigend.

Einheit 5

Leben! für Singles

Der Richtige sein

Ziel dieser Einheit:

Den Fokus von „den Richtigen finden" zu „der Richtige sein" ändern.

Zu wahrer und dauerhafter Veränderung von innen heraus ermutigen.

Einen genaueren Blick auf die Realisierbarkeit ihrer „Wunschliste" werfen und ob sie den gleichen Standard erfüllen würden, wenn sie genauso beurteilt würden.

Benötigte Utensilien / Notizen zur Planung:

BENÖTIGTE UTENSILIEN: GROSSE SCHÜSSEL, ÄPFEL, HANDTÜCHER

Regeln: Fülle die Schüssel mit Wasser und lasse die Äpfel darin schwimmen. Die Hände müssen hinter den Rücken gehalten werden. Versuche einen Apfel mit deinen Zähnen zu fassen. Stoppe bei jedem die Zeit. Derjenige, der am schnellsten einen Apfel erwischt hat, ist der Gewinner. (Hebe dir für eine spätere Veranschaulichung einen Apfel mit einem herausgebissenen Stück auf.)

Schüssel: Putze die Schüssel von außen, aber lasse die Innenseite dreckig.

Gebetsfokus:

Alle Teilnehmer sollen verstehen, wie wichtig diese Zeit der Vorbereitung ist, bevor sie ihren Ehepartner gefunden haben.

Für alle, die noch nicht errettet sind, dass sie offen sind, Christus als ihren Retter anzunehmen.

Für Weisheit und gutes Urteilsvermögen, was jeder einzelne braucht.

Dass Paare verstehen, wie wichtig es ist, vor der Heirat als Einzelner gesund zu werden.

Notizen der Gebetszeit:

Mögliche Probleme:

Möglicherweise brauchen diejenigen, die sehr selbstkritisch sind, Hilfe beim Erkennen ihrer positiven Eigenschaften.

Leben! für Singles
Der Richtige sein

WELCHER BIST DU?

> Die Apfelgrafik zeigt verschiedene Stadien der Gesundheit und des Verfalls, und veranschaulicht, dass wir oft nicht in der besten physischen, emotionalen oder geistlichen Verfassung sind.
>
> Die Antwort auf diese Frage sollte nicht laut vor allen geäußert werden. Bitte die Teilnehmer, über diese Frage im Stillen nachzudenken.

Es ist einfach, in Checklisten zu versinken, wie der zukünftige Ehepartner sein sollte. Jedoch ist es viel wichtiger, zum jetzigen Zeitpunkt selbst eine gesunde und wiederhergestellte Person zu werden, die es wert ist zu heiraten, anstatt sich nur auf den möglichen Ehepartner zu konzentrieren.

Wenn Menschen sich an das Thema Beziehung herannahen, lehnen sie es oft ab, auf ihr eigenes Leben und die eigene Gesundheit zu schauen. Sie kommen mit großen Erwartungen, wie der andere sein soll oder was er haben soll; jedoch schaffen sie es nicht zu sehen, wie ungesund oder unvorbereitet sie selber für eine Beziehung sind.

Es braucht seine Zeit, Geduld und Bereitschaft, eine gesunde und vollständige Person zu werden. Formbar in Gottes Hand zu sein und ihm zu erlauben, dich zu verändern, braucht auch Bereitschaft.

> **MATTHÄUS 7:2-4**
>
> Denn mit demselben Gericht, mit dem ihr richtet, werdet ihr gerichtet werden; und mit demselben Maß, mit dem ihr anderen zumesst, wird auch euch zugemessen werden. Was siehst du den Splitter im Auge deines Bruders und den Balken in deinem Auge bemerkst du nicht? Oder wie kannst du zu deinem Bruder sagen: Halt, ich will den Splitter aus deinem Auge ziehen - und siehe, der Balken ist in deinem Auge?

> *Redet über einige Punkte, die auf deiner Checkliste stehen. Wenn du auf die gleiche Art und Weise beurteilt werden würdest, wie würde es dir ergehen?*

CHECKLISTENERGEBNISSE

> **LEITFADEN:** Du kannst als ganze Gruppe arbeiten oder die Teilnehmer in Gruppen aufteilen.
>
> **HINWEIS:** Viele haben keine physischen Merkmale auf ihrer Checkliste, jedoch gibt es sicherlich mentale Kriterien, die sie gebrauchen, um andere einzuschätzen. Erlaube nicht, diese Frage auszulassen, nur weil sie keine physischen Merkmale aufgelistet haben.
>
> **NICHT** bei dem Thema aufhängen, ob Checklisten biblisch sind oder nicht. Das ist nicht der Punkt dieser Diskussion. Betone die Wichtigkeit der Selbsteinschätzung.
>
> **ZIELE:** Erkennen, dass wir alle auf die eine oder andere Art beurteilen und manche kritischer sind als andere.
>
> Erkennen, dass wenn wir uns so beurteilen würden, wie wir manchmal andere beurteilen, wir uns selbst disqualifizieren würden.

Nimm dir diese Woche Zeit und frage einen engen Freund, ob er dir helfen kann, einige Bereiche deines Lebens zu erkennen, die Veränderung brauchen. Während des Gesprächs ist es wichtig, keine Verteidigungshaltung einzunehmen, sondern offen zu bleiben. Frage Gott, ob das Gesagte korrekt ist.

www.lifeforsingles.com

Die Aufgabe von S. 46 ist keine schriftliche Aufgabe. Die Anwendung auf das eigene Leben ist ein wichtiger Teil des Kurses.

Name: Adam
Alter: Unbekannt
Anzeige: Single Mann, sehr geistlich, bodenständig, gärtnert gerne, mag keine Schlangen. Sucht nach einer Partnerin fürs Leben, die ihm gleich ist, ihn herausfordert, ihm hilft zu wachsen und auf dem rechten Pfad zu bleiben.

Rabbi Yitzchak Berkowitz

Viele suchen im Internet nach dem Partner ihrer Träume. Sie erstellen eine „Anzeige", die nicht widerspiegelt, wie sie sind, sondern wie sie gerne sein würden. Achte darauf, dich nicht als jemand zu präsentieren, der du gar nicht bist.

Schreibe eine wahre „Anzeige", die wiedergibt, wie du wirklich bist.

Name:
Alter:
Anzeige:

Es ist wichtig, dass du deiner Gruppe Transparenz vorlebst. Wenn du eine witzige Anzeige schreibst, dann werden sie das genauso machen.

Achte darauf, beides zu teilen, deine Stärken und deine Schwächen. Eine Anzeige, die nur Stärken wiedergibt, verstärkt den Gedanken, dass sie eine Anzeige erstellen müssen, die ein bestimmtes Bild präsentiert und nicht die Wahrheit ist.

Ebenso ermutigt eine Anzeige mit ausschließlich Makeln und Fehlern, dass sie sich mehr auf ihre Schwächen konzentrieren als auf ihre Stärken. Für die Gruppe wird es eine größere Bedeutung haben, wenn du ehrlich und offen mit deinen Erfahrungen bist.

Gibt es irgendwelche Charakterthemen, die du nicht erwähnen wolltest?

Wenn du etwas verheimlichen wolltest, dann bitte Gott um Hilfe, dich zu verändern.

Leben wir, um jemandem zu gefallen, und wenn ja, wem?

Galater 1:10

„Rede ich denn jetzt Menschen oder Gott zuliebe? Oder suche ich Menschen zu gefallen? Wenn ich allerdings den Menschen noch gefällig wäre, so wäre ich nicht ein Knecht des Christus."

1. Thessalonicher 4:1

„Weiter nun, ihr Brüder, bitten und ermahnen wir euch in dem Herrn Jesus, dass ihr in dem noch mehr zunehmt, was ihr von uns empfangen habt, nämlich wie ihr wandeln und Gott gefallen sollt."

Gibt es irgendwelche Gebiete in deinem Leben/Charakter, wo du weißt, Gott gefällt das nicht?

Einheit 5 — Der Richtige sein

Leben! für Singles

Wenn wir eine bewusste Anstrengung unternehmen, anderen unser wahres Ich zu offenbaren, dann kann das schwierig sein.

In einer der vorherigen Wochen haben wir auf den Unterschied von Selbst-Präsentation und Selbst-Offenbarung geschaut. Eine aktuelle Ehestudie zeigt, dass die Basis für alle tiefen Freundschaften die Selbst-Offenbarung ist. Mit anderen Worten: Lass andere dein wahres Ich sehen. Dein wahres Ich zu verstecken oder dich in einen Typ von Mensch zu verwandeln, der andere beeindrucken soll, wird für keine gute Grundlage sorgen, um langlebige Beziehungen zu bilden.

Während einer Diskussion in seiner TV Sitcom erzählt Jerry Seinfeld seinem Freund, warum er nicht verheiratet ist: „Kein gesunder Mensch würde die Gleichgültigkeit wollen, die ich zu bieten habe."

Du lachst jetzt vielleicht, aber viele Menschen konzentrieren sich darauf, was sie von einer Ehe haben können, anstatt was sie selbst mit in die Beziehung bringen. Die entscheidende Frage ist…

> In diesem Abschnitt wird das Bild eines Apfels benutzt, von dem Stücke herausgebissen wurden. Keiner möchte einen Apfel essen, von dem schon jemand anderes probiert hat. Zeige einen der Äpfel vom Apfelspiel. Frage, ob irgendjemand mutig genug ist und einen Apfel essen würde, von dem bereits jemand anderes abgebissen hat.
>
> Es kann sein, dass wir es vernachlässigt haben, darüber nachzudenken, welchen Effekt unsere bisherigen Erfahrungen auf unsere Lebensweise haben. Menschen nehmen Gepäck mit in ihre Beziehungen, wenn sie sich nicht mit vergangenen Verletzungen auseinandergesetzt haben. Manchmal schaden wir uns selbst damit; manchmal wird der Schaden uns zugefügt. Wenn wir uns Zeit nehmen, um unser Leben zu beurteilen, dann können wir Bereiche entdecken, in denen wir Heilung brauchen. Heilung beginnt, wenn wir erkennen, dass wir Hilfe brauchen.

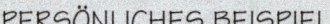

PERSÖNLICHES BEISPIEL

 Würdest du dich selber heiraten?

„Das, was ich von mir weiß, kann ich zu Gott bringen. Das, was ich nicht von mir weiß, wird mich kontrollieren."

Manchmal konzentrieren wir uns auf die negativen Aspekte unseres Charakters und nicht auf die positiven. Lass dich nicht entmutigen!

 Liste die Charakterqualitäten auf, die du ändern solltest.

Es ist wichtig, dir Zeit zu nehmen, um dein Leben ehrlich anzuschauen. Es ist auch ratsam, nicht nur eine Seite der Medaille zu betrachten. Schätze beides ehrlich ein, deine Stärken und deine Schwächen. Gibt es in deinem Leben Bereiche, die du verändern solltest, damit du der gottgefällige Ehepartner wirst, den dein zukünftiger Partner verdient?

Leben! für Singles

STIEL - FAMILIENBEZIEHUNGEN

Um uns selbst vernünftig beurteilen zu können, ist es hilfreich, verschiedene Gebiete unseres Lebens zu untersuchen. Wie z.B. ein Apfel sind wir aus verschiedenen Teilen geschaffen. Wir müssen uns um jeden Teil kümmern, damit wir heil und ganz sein können.

Damit ein Apfel gesund sein kann, muss er mit dem Baum verbunden sein. Es ist wichtig, dass unsere Beziehungen mit Familie, Freunden und Gott stark sind.

Manchmal fühlen wir uns mit unserer Familie nicht verbunden.

- Sehnen nach Unabhängigkeit
- Scheidung der Eltern
- Mangel an Kommunikation, Zeitmangel

> - Lebst du noch zuhause?
> - Was machst du als erstes, wenn du nach Hause kommst? Redest du mit deiner Familie oder verschwindest du gleich in deinem Zimmer?
> - Kommunizierst du gut mit deiner Familie oder streitest und kämpfst du?

Wir können uns so fühlen, dass, wenn der Stängel vom Baum abgebrochen ist, es keine Möglichkeit der Wiederverbindung gibt. Beziehungsprobleme sind normalerweise komplex, aber Gott kann das tun, was wir für unmöglich halten. Folgendes kannst du tun:

- Gib Gott das Problem (Psalm 55:22, 1. Petrus 5:7)
- Vergib vergangene Verletzungen (Kolosser 3:13)
- Mache den ersten Schritt zur Versöhnung (Matthäus 5:23-25)
- Kommuniziere

> Nimm dir Zeit, die Beziehungen zu deiner Familie zu beurteilen.
>
> - Sind sie stark?
> - Sind sie gesund?
> - Fühlst du dich distanziert oder getrennt?
> - Welche Bereiche brauchen die meiste Verbesserung?
>
> Ob gut, schlecht oder gleichgültig; bitte Gott, dir zu helfen, die Beziehung zu deiner Familie zu verbessern.

Manche Teilnehmer mühen sich vielleicht mit dem Konzept von Familienbeziehungen ab. Sie verbringen unter Umständen nur wenig innige Zeit mit ihrer Familie, selbst wenn sie physisch im selben Raum sind. Andere erkennen vielleicht, dass sie nicht mit ihrer Familie verbunden sind, denken jedoch, jemand anderes sollte den ersten Schritt zur Wiederherstellung der Beziehung machen. Sei bereit, nach dem Treffen für jeden Zeit zu haben, der Gebet braucht.

#lifeforsingles

Leben! für Singles

DIE BLÄTTER

Ohne in den Bereich der Wissenschaft zu tief einzutauchen, müssen wir verstehen, wie wichtig Blätter sind. Wenn du einen Keimling in der Dunkelheit lässt, wird er nicht zu einer großen gesunden Pflanze heranwachsen, denn er braucht zum Wachsen Licht. Die Blätter absorbieren das Licht, und durch einen erstaunlichen Prozess, genannt Photosynthese, bekommt die Pflanze das, was sie zum Wachsen braucht. Johannes 1:9 beschreibt Jesus als „das wahre Licht, das jedem Licht gibt". Leider entscheidet nicht jeder, in diesem Licht zu wandeln.

Was brauchst du, um zu einer gesunden Person heranwachsen zu können?

Sieh dir Johannes 3:18-20 an. Warum bleiben Menschen in der Dunkelheit?

> Mangel an Verstehen. Menschen lieben Dunkelheit. Keine Bereitschaft, sich mit den Aspekten zu beschäftigen.

Was hält Menschen davon ab, das Licht anzunehmen?

> Angst, dass ihre Taten ans Licht kommen.
> Scham.
> Unglaube.

Was sagt 1. Johannes 4:17-19 dazu?

> Vollkommene Liebe treibt alle Furcht aus.

Johannes 3:18-20

Wer an ihn glaubt, wird nicht gerichtet; wer aber nicht glaubt, der ist schon gerichtet, weil er nicht an den Namen des eingeborenen Sohnes geglaubt hat. Darin aber besteht das Gericht, dass das Licht in die Welt gekommen ist und die Menschen liebten die Finsternis mehr als das Licht; denn ihre Werke waren böse. Denn jeder, der Böses tut, hasst das Licht und kommt nicht zum Licht, damit seine Werke nicht aufgedeckt werden.

Wiederherstellung geschieht durch Jesus
… er heilt die zerbrochenen Herzen!

1. Johannes 4:17-19

Darin ist die Liebe bei uns vollkommen geworden, dass wir Freimütigkeit haben am Tage des Gerichts, denn gleichwie Er ist, so sind auch wir in dieser Welt. Furcht ist nicht in der Liebe, sondern die vollkommene Liebe treibt die Furcht aus, denn die Furcht hat mit Strafe zu tun; wer sich nun fürchtet, ist nicht vollkommen geworden in der Liebe. Wir lieben ihn, weil Er uns zuerst geliebt hat.

Um im Licht zu wandeln, solltest du dir angewöhnen, regelmäßig Zeit zum Bibellesen zu haben. Auf diese Weise lernst du Gott und seinen Willen für dich besser kennen. Gebet ist ebenso wichtig. Nicht die Gebetsliste abarbeiten, sondern das aus dem Herzen kommende Gebet!

Einheit 5 — Der Richtige sein

Leben! für Singles

SEI GLÜCKLICH IN DEINER HAUT... EINFACHER GESAGT ALS GETAN!

Es scheint, dass viele Menschen sich wirklich schwer tun, sich in ihrer eigenen Haut wohlzufühlen. Wir haben den Eindruck, dass wir uns an einem unerreichbaren Niveau messen, das unter anderem von Medien und Filmstars gesetzt wird. Daher leiden viele unter einem geringen Selbstwertgefühl.

> Wenn ihr euch die Statistik anschaut, betont bitte, dass dies nicht nur ein Problem der Frauen ist. Auch Männer leiden unter dem Selbstwert und dieses Problem wird immer schlimmer.[4]

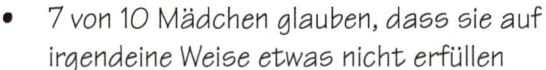

MÄDCHEN

- 7 von 10 Mädchen glauben, dass sie auf irgendeine Weise etwas nicht erfüllen
  > Das beinhaltet ihr Aussehen, ihre Leistung in der Schule und Beziehungen mit Freunden und Familie.
- 62% aller Mädchen fühlen sich unsicher
- 57% aller Mädchen haben eine Mutter, die ihr Aussehen kritisiert
- 75% aller Mädchen mit geringem Selbstwertgefühl kämpfen mit destruktivem Verhalten
  > z.B. Essstörungen, Selbstverletzung, Mobbing, Rauchen, Alkohol trinken (verglichen mit 25% der Mädchen, die ein hohes Selbstwertgefühl haben)

JUNGS

- Bei Jungs im Teenageralter wird vermehrt die Dysmorphophobie beobachtet
  > Dysmorphophobie ist eine psychiatrische Störung, gekennzeichnet durch eine übermäßige Beschäftigung mit einem eingebildeten Mangel oder einer befürchteten Entstellung der äußeren Erscheinung.
- Teenager-Jungs können anfällig für exzessives Training, Bingeeating, Magersucht, Bulimie und Steroidmissbrauch sein
- Schätzungsweise sind 45% der westlichen Männer unglücklich mit ihrem Körper
  > Vor 25 Jahren waren nur 15% mit sich unzufrieden.

Ein niedriges Selbstwertgefühl hat nicht nur Auswirkungen darauf, wie wir uns selber fühlen, sondern auch darauf, wie wir andere sehen. Unsere Beziehungen sind von dem Gift infiziert, die ein niedriges Selbstwertgefühl verbreitet. Es kann sein, dass wir es nötig haben, Schmeicheleien und Bestätigungen zu bekommen, wie wertvoll wir doch sind. Wir können in das negative Muster „andere ablehnen, bevor man selber abgelehnt wird" verfallen. Zudem können Eifersucht, Einsamkeit und Depression einem negativen Selbstbildnis entspringen.

> *Woher bekommen wir unseren Selbstwert und unser Selbstbildnis?*
> *Wer definiert uns?*
> Zuhause, Schule/Uni/Arbeit, Medien, Internet, Filmstars, Freunde, erfolgreiche Leute?
> Zusätzliche Fragen für eine tiefere Diskussion:
> Welcher Punkt der Liste hat die lauteste Stimme?
> Wen beeinflusst du?
> Bist du ein negativer oder ein positiver Influencer?

> *Fühlst du dich unter Druck stehend, konform sein zu müssen?*

> Römer 12:2: Und passt euch nicht diesem Wettlauf an, sondern lasst euch in eurem Wesen verwandeln.

> *Wie hat dein Selbstwertgefühl deine vergangenen Beziehungen geprägt?*
> *Hast du jetzt ein gesundes Selbstwertgefühl?*
> *Gibt es noch irgendetwas in diesem Bereich, das Veränderung braucht?*

Einheit 5 — Der Richtige sein

[4] The Self Esteem Shop   #lifeforsingles

Leben! für Singles

 &

1. Korinther 6:19-20

Oder wisst ihr nicht, dass euer Leib ein Tempel des in euch wohnenden Heiligen Geistes ist, den ihr von Gott empfangen habt, und dass ihr nicht euch selbst gehört? Denn ihr seid teuer erkauft; darum verherrlicht Gott in eurem Leib und in eurem Geist, die Gott gehören.

Sollen wir uns überhaupt Sorgen um unser Aussehen machen?

Gehe nicht davon aus, dass die Teilnehmer ein gutes Verstehen haben, was ein gesundes Verhalten ist. Du kannst diese Zeit effektiv nutzen und über ein paar vordergründige Sorgen eurer Kultur berichten.

Wir dürfen nicht ignorieren, dass wir uns um unseren Körper kümmern müssen - Sport machen, gesunde Lebensmittel essen, keine Drogen nehmen und keine weiteren schädlichen Dinge konsumieren. Wir haben eine Verantwortung, uns um das zu kümmern, was Gott als wertvoll betrachtet. Es ist wichtig, unsere Einstellung uns selbst gegenüber zu verändern und Gott zu bitten, uns beim Uns-Verändern zu helfen. Ein ausgewogener, gesunder und aktiver Lebensstil ist wichtig, um Gottes geplante Bestimmung für unser Leben zu erfüllen, ohne dabei auszubrennen.

 Wo auf der Skala bist du: zwanghaft, gesund oder nachlässig?

Zwanghaft: Zwanghaftes Verhalten kann für den Körper schädlich sein. Die, die ein zwanghaftes Verhalten haben, sind meistens am gefährdetsten, da sie ihr schädigendes Verhalten nicht sehen.

Gesund: Das Ziel ist, ein gesundes und ausgewogenes Leben zu leben, jedoch denken viele, dieses Ziel ist unerreichbar. Ermutige, dass sogar nur eine Veränderung den Unterschied machen kann.

Nachlässig: Diese Gruppe braucht Motivation und Ermutigung. Vielleicht brauchen sie auch etwas professionelle Hilfe. Sei diskret, besonders wenn es um Abhängigkeiten geht.

Auf der einen Seite steht der Zwang, was das Aussehen betrifft. Wenn du dir mehr Sorgen darüber machst, wie du aussiehst, was du wiegst und was du anziehst, anstatt wie dein Charakter ist, dann ist das ein Anzeichen dafür, dass du deine Prioritäten korrigieren solltest. Auf dieser Seite zu leben, kann genauso gefährlich sein, wie auf der anderen Seite zu leben. Um dein Aussehen zu verbessern, können Essstörungen entwickelt werden, oder die Versuchung besteht, zu Steroiden zu greifen. Wenn dies auf dich zutrifft, dann bitte jemanden um Hilfe!

Am anderen Ende der Skala befindet sich die Person, die nur wenig tut, um ihre Gesundheit zu erhalten. Wenn du solch eine Person bist, dann bewegst du dich vielleicht nicht, lehnst deinen Körper ab oder misshandelst ihn. Vielleicht ernährst du dich ungesund, bist fettleibig, verletzt dich selbst oder schadest deinem Körper durch Alkohol, Tabak oder Betäubungsmittel.

Die Entscheidungen über deine Gesundheit, die du heute triffst, haben Auswirkungen auf deine Zukunft. Wenn du merkst, dass du in manchen Bereichen die Kontrolle verloren hast, dann suche dir professionelle Hilfe. Gesundheitliche Probleme solltest du nicht auf die lange Bank schieben!

UNSER ZIEL SOLLTE EIN KONSTANTER GESUNDER LEBENSSTIL SEIN. WENN WIR UNS GUT UM UNSEREN KÖRPER KÜMMERN, BRINGT UNS DAS VIELE VORTEILE... UNTER ANDEREM SEHEN WIR ATTRAKTIVER AUS.

 Es ist wichtig, physisch, emotional und geistlich gesund zu sein. Daher brauchen alle drei Bereiche unsere Aufmerksamkeit. Wo stehst du?

www.lifeforsingles.com

Leben! für Singles

DER KERN - VERÄNDERUNG MUSS INNEN BEGINNEN

Obwohl wir die Verantwortung haben, uns um unseren Körper zu kümmern, ist es wichtiger, sich um das Innere zu kümmern. Sorge auch dafür, deinen Charakter zu entwickeln!

 Was sagen dir die folgenden Verse über die Wichtigkeit des inneren Menschen?

1. Petrus 3:3-4

Euer Schmuck soll nicht der Äußerliche sein, Haarflechten und Anlegen von Goldgeschmeide oder Kleidung, sondern der verborgene Mensch des Herzens in dem unvergänglichen Schmuck eines sanften und stillen Geistes, der vor Gott kostbar ist.

Bereite ein Geschirrteil vor, das von außen sehr sauber ist, von innen aber sehr dreckig. Rede mit jedem darüber, wie wunderschön dieses Teil ist und wieviel Zeit du damit verbracht hast, es zu putzen. Dann zeige jedem die Innenseite. Danach lest Lukas 11:37-41.

Lukas 11:37-41

Und während er redete, bat ihn ein gewisser Pharisäer bei ihm zu Mittag zu essen. Und er ging hinein und setzte sich zu Tisch. Der Pharisäer aber verwunderte sich, als er sah, dass er sich vor dem Mahl nicht gewaschen hatte. Da sprach der Herr zu ihm: Nun, ihr Pharisäer, ihr reinigt das Äußere des Bechers und der Schüssel, euer Inneres aber ist voll Raub und Bosheit. Ihr Toren! Hat nicht der, welcher das Äußere schuf, auch das Innere gemacht? Gebt nur von dem, was darin ist, Almosen, siehe, so ist euch alles rein!

LOCH[5]

1. ein Fehler oder Makel, Schandfleck; Schaden

2. ein tiefer und isolierter Ort der Gefangenschaft, ein Verlies

GESAMTHEIT

1. beinhaltet alle Komponenten; komplett

2. nicht unterteilt oder getrennt; eine Einheit

3.   a. nicht verwundet, verletzt oder beinträchtigt; intakt oder unversehrt

      b. wiederhergestellt sein; geheilt

[5] http://www.yourdictionary.com/

DAS KERNPROBLEM

Die meisten von uns fühlen sich auf irgendeine Art beschädigt oder zerbrochen. Die gute Nachricht ist: Löcher können gefüllt werden!

- Zerbruch kam in die Welt (1. Mose 3:1-7)
- Wir alle leben mit den Konsequenzen, die die Bibel Sünde nennt (Römer 3:23)
- Gottes Antwort auf dieses Problem war Jesus (Jesaja 53:7-9)
- Sein Tod war Teil von Gottes Plan, um unsere Beziehung zu ihm zu heilen
- Gott sandte seinen Sohn für jeden von uns (Johannes 3:16)
- Sein Weg heilt nicht nur Löcher, sondern macht uns ganz neu!

#lifeforsingles

Das ist das wichtigste Element dieser Einheit. Verweile nicht bei anderen Themen, vernachlässige dieses Thema nicht! Veränderung bleibt oberflächlich, wenn man sich nicht mit dem Kern beschäftigt.

Vielleicht glaubst du, dass Jesus real ist, aber kannst dich an keinen bestimmten Zeitpunkt erinnern, an dem du Jesus gebeten hast, Herr deines Lebens zu sein. Oder vielleicht bist du dein Leben lang in die Kirche gegangen und hast alles über Jesus gehört, aber kennst ihn nicht persönlich. Er ist real! Er möchte eine persönliche Beziehung mit dir haben! Wenn du das heute zur Realität für dich machen möchtest, dann bete zu ihm folgendes Gebet laut. Römer 10:9 sagt: Denn wenn du mit deinem Mund Jesus als den Herrn bekennst und in deinem Herzen glaubst, dass Gott ihn aus den Toten auferweckt hat, so wirst du gerettet.

Gebet

Jesus, ich merke, da ist ein Loch in meinem Leben, das nur du füllen kannst. Es gibt keinen Weg, wie ich Vergebung für meine Sünden verdienen kann. Ich nehme das an, was du für mich am Kreuz getan hast. Ich bitte dich, mir meine Sünden zu vergeben, und ich nehme dich heute als meinen Herrn und Retter an. Übernehme du mein Leben, Herr, und ich will dir folgen, wohin du mich leitest. Ich lege mein altes Leben und jeden sündhaften Einfluss, den es auf mich hatte, ab. Ich liebe dich, Jesus, und ich glaube, dass ich jetzt ein rechtmäßiges Mitglied deiner Familie bin. Jesus, du bist mein Herr. AMEN

Datum _____

Name _____

Wenn du dieses Gebet ernsthaft gesprochen hast, dann hast du die Versprechen bekommen, die Jesus gegeben hat, und bist mit ihm jetzt in einer Beziehung. Setze Datum und Unterschrift als Erinnerung unter das Gebet, falls du irgendwann Zweifel haben solltest, ob du Christ bist.

Lass nicht zu, dass du aus der Reise „der Richtige werden" aussteigst. Diese Reise ist die Zeit, Energie und Investition wert. Wenn du nicht aufgibst, wirst du ein großartiges Resultat erlangen!

Galater 6:9

Lasst uns aber im Gutestun nicht müde werden; denn zu seiner Zeit werden wir auch ernten, wenn wir nicht ermatten.

Stehe für jeden zur Verfügung, der Gebet braucht. Auch wenn jemand Fragen hat oder Hilfe braucht, stehe zur Verfügung!

www.lifeforsingles.com

Leben! für Singles

Woche 6: Den Richtigen wählen

ZIEL DIESER EINHEIT:
Die Teilnehmer sollen verstehen, dass die Wahl des richtigen Ehepartners eine der wichtigsten Entscheidungen in ihrem Leben ist, denn wir begeben uns damit in ein bindendes Eheversprechen. Unser Wunsch ist es, Mythen über Liebe zu enttarnen und Wahrheiten zu etablieren, die jeden dazu befähigen, den Richtigen zu wählen.

Wahrheiten:
- Liebe ist nicht zufällig
- Wir sind nicht auf der Suche nach unserem Seelenverwandten
- Wir suchen nicht den charmanten Prinzen
- Zwischenmenschliche Chemie ist nicht so wichtig wie Charakter

BENÖTIGTE UTENSILIEN / NOTIZEN ZUR PLANUNG:
- Schüssel
- Schneebesen
- Ei

Um zu illustrieren, wie Gott Ehemann und Ehefrau zu einer neuen Einheit vermischt. (Seite 60)

GEBETSFOKUS:

Jeder soll verstehen, dass er eine Wahl hat und wie wichtig es ist, den Richtigen zu wählen.

Möge der Teilnehmer ungesunde Wahlen/Entscheidungen der Vergangenheit erkennen, und beschließen, Gott in seine zukünftigen Wahlen/Entscheidungen einzubeziehen.

Kulturelle Barrieren mögen eingerissen werden, damit die Teilnehmer die Wahrheiten des Wortes Gottes annehmen können.

NOTIZEN DER GEBETSZEIT:

MÖGLICHE PROBLEME:
Manch einer fühlt sich vielleicht überwältigt, wenn er realisiert, dass er verantwortlich dafür ist, den Richtigen zu wählen und dass dies nicht einfach ein zufälliger Prozess ist.

#lifeforsingles

Leben! für Singles

Den Richtigen wählen

GIB ACHT, WEN DU WÄHLST; DIE ENTSCHEIDUNG GILT FÜRS GANZE LEBEN!

Im Leben musst du viele Entscheidungen treffen. Manche Entscheidungen sind einfach und erfordern nicht viel Nachdenken, andere Entscheidungen beeinflussen unser Leben so sehr, dass sie viel Sorgfalt und Aufmerksamkeit benötigen. Den richtigen Ehepartner zu wählen, ist eine der wichtigsten Entscheidungen, die du jemals treffen wirst.

Wenn du ein Auto kaufst und es sich als Enttäuschung herausstellt, dann kannst du es einfach gegen ein anderes eintauschen. Du machst dabei vielleicht etwas Verlust, hast etwas Ärger, aber normalerweise ist das keine Entscheidung, die große Auswirkungen auf dein Leben hat.

Wenn wir einen Fehler bei der Wahl unseres Ehepartners machen, dann sind die Auswirkungen viel größer. Gott benutzt das Wort „bindende Verpflichtung", um damit die Festlegung auszudrücken, wenn ein Paar heiratet. Eine rechtlich bindende Verpflichtung ist nicht dasselbe wie ein Vertrag. Die Worte „bindende Verpflichtung" drücken die stärkste Vereinbarung aus, die man mit jemand anderem treffen kann. Wenn wir eine bindende Verpflichtung mit unserem Ehepartner eingehen, dann gibt es keine Schlupflöcher, durch die wir von unseren gemachten Versprechungen entkommen können.

 Was sagt Prediger 5:3-4 über Gelübde?

> Wenn du vor Gott ein Gelübde ablegst, dann zögere das Einhalten nicht hinaus. Er hat keine Freude an Narren; erfülle dein Gelübde! Ansonsten lege besser keines ab.

Bedeutet dies wirklich das, was ich denke, dass es bedeutet?

EHEVERSPRECHEN

In guten wie in schlechten Zeiten, in Reichtum wie in Armut, in Krankheit wie in Gesundheit, zu lieben und zu ehren, bis dass der Tod uns scheidet.

The Book of Common Prayer

MARKUS 10:6-9

Am Anfang der Schöpfung aber hat Gott Mann und Frau erschaffen. Darum wird ein Mann seinen Vater und seine Mutter verlassen und seiner Frau anhängen; und die zwei werden ein Fleisch sein. So sind sie nicht mehr zwei, sondern ein Fleisch. Was nun Gott zusammengefügt hat, das soll der Mensch nicht scheiden!

BINDENDE VERPFLICHTUNG: Die Eheversprechen, die wir einander geben, sind verbindlich. Sie decken alle Grundbereiche ab. Gott möchte nicht, dass wir diese Versprechen auf die leichte Schulter nehmen. Prediger 5:3-4

Wir heiraten nicht für gute, reiche und gesunde Zeiten und für ein paar Jahre, bis wir gelangweilt sind. Wir versprechen zu lieben, selbst wenn das Leben am Tiefpunkt ist, wenn wir arm oder krank sind. Wir versuchen auch nicht, mit dem anderen nur irgendwie zurechtzukommen, sondern wir schätzen uns, bis der Tod uns scheidet. Matthäus 19:8 ist Jesu Antwort, nachdem er nach Scheidung gefragt wurde. Er sagte: „…von Anfang an ist es aber nicht so gewesen." Es ist nicht sein Plan, dass Menschen durch diesen Herzschmerz gehen.

Betone, wie wichtig es aus diesem Grund ist, dass wir den Richtigen wählen sollten. In der modernen Gesellschaft haben wir kein gutes Beispiel, wie eine bindende Verpflichtung aussieht, und als Resultat nehmen wir Eheversprechen auf die leichte Schulter.

www.lifeforsingles.com

Leben! für Singles

MYTHEN ENTLARVEN
WAHL ODER ZUFALL?

SICH VERLIEBEN

WARTE! WAS?

Wir wollen uns mit einem verbreiteten Irrglauben beschäftigen. Wenn Leute von „sich verlieben" sprechen, dann assoziieren sie damit einen zufälligen Prozess, über den sie keine Kontrolle haben. Du schlenderst herum und plötzlich triffst du die Person deiner Träume und kannst gar nichts dagegen machen. Filme neigen dazu, diese Idee zu fördern. Das Schicksal übernimmt die Führung und wir folgen einfach nur unseren Emotionen. Doch: Jeder von uns hat die Wahl!

Du verliebst dich nicht zufällig! Ob du es realisierst oder nicht, es beginnt mit einer Wahl. Du beginnst über diese Person nachzudenken und magst die Art, wie sie aussieht, wie sie geht, wie sie redet oder ihren Humor, um nur einiges zu nennen. Du kannst entscheiden, ob deine Gedanken bei dieser Person bleiben; was sie denkt, was sie macht oder was sie über dich denkt. Unterm Strich: es ist kein Zufall, es ist eine Wahl!

Viele von euch haben bestimmt tolle Geschichten über „wahre Liebe" gehört, in denen das Paar sich einfach so verliebt hat und das eine positive Erfahrung war. Liegen sie damit falsch? Viele Paare empfinden eine starke Attraktivität zueinander und wir widersprechen da nicht. Manche Paare haben das starke Empfinden, dass die Person, die sie gerade getroffen haben, der/die Eine für sie ist. Dennoch treffen sie die Entscheidung, diesem Gefühl nachzugehen und denjenigen, in den sie sich verliebt haben, besser kennenzulernen. Du kannst jemanden nicht wirklich lieben, bis dass ihr miteinander kommuniziert!

Manche warten vielleicht auf genau so eine Erfahrung, obwohl Liebe eigentlich langsam wächst. Sie warten auf die Aufregung und die intensiven Gefühle; jedoch gibt es viele Erfahrungen, wie Liebe wächst, und es sollte nicht auf das reduziert werden, was man in Filmen sieht.

 **LIEBE IST ...**

> Es gibt viele vorgefasste Meinungen über Liebe, und das bedeutet, dass manchmal Menschen Liebe verpassen, obwohl sie direkt vor ihnen ist. Sie erwarten ein Feuerwerk, Romantik und eine stürmische Romanze. Lass die Teilnehmer über ihre Erwartungen reden, wie Liebe sich anfühlt. Sorge dann für den Realitätscheck!

 Ändert der unten stehende Vers deine Definition?

> **1. KORINTHER 13:4-8**
> Die Liebe ist langmütig und gütig, sie beneidet nicht, die Liebe prahlt nicht, sie bläht sich nicht auf, sie ist nicht unanständig, sie sucht nicht das Ihre, sie lässt sich nicht erbittern, sie rechnet das Böse nicht zu; sie freut sich nicht an der Ungerechtigkeit, sie freut sich aber an der Wahrheit; sie erträgt alles, sie glaubt alles, sie hofft alles, sie erduldet alles. Die Liebe hört niemals auf.

Den falschen Ehepartner zu wählen, kann sich wie „Tod" oder „Fluch" anfühlen. Viele haben Probleme damit, Ehe als positiv zu sehen, da sie Zeuge davon sind, wie andere eine schlechte Wahl getroffen haben. Die Realität ist, dass Ehe als ein Geschenk Gottes geschaffen wurde, um seinen Kindern Freude und Segen zu bringen. Gott hat uns die Möglichkeit zu wählen gegeben; daher müssen wir das „Schicksal" aus dem Bild entfernen und realisieren, Gott möchte von uns, dass wir weise auswählen.

> **5. MOSE 30:19**
> Ich nehme heute Himmel und Erde gegen euch zu Zeugen: Ich habe euch Leben und Tod, Segen und Fluch vorgelegt; so erwähle nun das Leben, damit du lebst, du und dein Same.

Einheit 6 — Den Richtigen wählen

#lifeforsingles

MYTHEN AUS DER PERSPEKTIVE DER JUNGS:

Mythos - Wenn ein Päckchen von außen schön aussieht, dann gefällt dir auch der Inhalt.

Realität - Ein Päckchen kann viel enthalten…oder auch nichts.

Mythos - Wunderschöne Menschen haben immer einen guten Charakter.

Realität - Das Aussehen kann trügerisch sein. Deine Prinzessin ist vielleicht aus Plastik. Sprüche 31:30

Mythos - Ich muss mich nicht verändern. Ich brauche einfach nur auf die richtige Prinzessin zu warten, die mich dann küsst.

Realität - Wenn du ein Frosch bleibst, fängst du wohl eher eine Fliege.

Mythos - Ich muss einfach nur jede den Schuh anprobieren lassen, um meine Cinderella zu finden.

Realität - Cinderella würde sich freuen, wenn nur sie die Einzige ist, die den Schuh anprobiert hat.

Ich dachte immer, dass Prinzen in den Geschichten äußerst selbstsicher sein müssen. Es scheint, als können sie jeden Kampf kämpfen, gehen als Sieger hervor und bekommen immer das Mädchen. Die Realität ist, viele Prinzen heutzutage sind unsicher. Prinzessinnen sind schwer zu verstehen und können dem Prinzen verwirrende Signale senden. Vergangene Verletzungen und Ablehnung tragen zu der Verunsicherung bei, und so kann es sein, dass du letztendlich Liebe und Bestätigung auf eine destruktive Art suchst. Das wiederum beeinflusst deine Beziehungen und du kannst in einen Teufelskreis der Ablehnung kommen, wodurch deine Fähigkeiten, eine gute Wahl zu treffen, gehemmt sind.

Sorge als erstes dafür, dass Gott derjenige ist, der dir deine Identität gibt. Du brauchst weder deine Peergroup noch eine Vorzeige-Frau, um dein Selbstwertgefühl wiederherzustellen. Johannes 3:7 sagt „Ihr müsst von neuem geboren werden". In diesem Prozess wird dir eine neue Identität gegeben und du lernst, wer du in Christus bist. Der Schlüssel besteht darin, Gottes Dinge an erste Stelle zu setzen. Gott hat dich geschaffen und er möchte deinen Selbstwert wiederherstellen. Er verändert uns vom „Niemand sein" zum „Jemand sein" und von „abgelehnt sein" zu „angenommen sein".

Matthäus 6:33
Trachtet vielmehr zuerst nach dem Reich Gottes und nach seiner Gerechtigkeit, so wird euch dies alles hinzugefügt werden.

Bitte Gott, dir zu helfen, mehr als nur deine Fehler der Vergangenheit zu sehen, und bitte um seine Weisheit, wenn es um das Wählen des Ehepartners geht.

Leben! für Singles

MYTHEN AUS DER PERSPEKTIVE VON MÄDCHEN:

Mythos - Einen Frosch zu küssen, wird aus ihm einen Prinzen machen.

Realität - Selbst wenn du deine Augen zumachst, der Frosch bleibt ein Frosch.

Mythos - Ich muss jeden Frosch küssen, an dem ich vorbeikomme…es könnte ja DER Richtige sein.

Realität - Du könntest deinen Prinzen verpassen, während du den Frosch küsst.

Mythos - Prinzessinnen heiraten Frösche.

Realität - Nur ein Frosch heiratet einen Frosch.

Mythos - Es ist besser, einen Frosch zu daten, als gar niemanden zu haben.

Realität - Es ist besser, dem Frosch den Laufpass zu geben und auf den Prinzen zu warten.

Wenn du unter einem niedrigen Selbstwertgefühl leidest, wirst du oft bereit sein, dich mit weniger zufriedenzugeben, als du verdient hast. Zuerst ist es wichtig zu realisieren, dass du eine PRINZESSIN bist. Die meisten kleinen Mädchen träumen davon, eine Prinzessin zu sein. Es geht nicht nur darum, in einem märchenhaften Königreich zu leben, es geht um das Bedürfnis, sich geliebt, geehrt und wertgeschätzt zu fühlen.

Die Rolle eines Vaters besteht darin, dem kleinen Mädchen zu helfen, sich genau so zu fühlen. Leider scheitern viele Väter darin. Scheidung der Eltern, Verlassen werden, Ablehnung oder Missbrauch können uns dessen berauben, was Gott als Segen gedacht hat. Wenn Mädchen sich nicht von ihren Vätern geliebt und geschätzt fühlen, dann schauen sie sich woanders nach Liebe und Bestätigung um. Wenn das auf dich zutrifft, dann kann das Auswirkungen auf deine Fähigkeiten haben, weise Entscheidungen zu treffen.

Die Realität ist, wir werden durch die Geburt eine Prinzessin und nicht durch eine Heirat. Und wir werden durch eine Beziehung mit Jesus gerettet, nicht durch einen Ritter in schimmernder Rüstung.

Kolosser 1:13-14
Er hat uns errettet aus der Herrschaft der Finsternis und hat uns versetzt in das Reich des Sohnes seiner Liebe, in dem wir die Erlösung haben durch sein Blut, die Vergebung der Sünden.

1. Petrus 2:9-10
Ihr aber seid ein auserwähltes Geschlecht, ein königliches Priestertum, ein heiliges Volk, ein Volk des Eigentums, damit ihr die Tugenden dessen verkündet, der euch aus der Finsternis berufen hat zu seinem wunderbaren Licht - euch, die ihr einst nicht sein Volk wart, jetzt aber Gottes Volk seid, und einst nicht begnadigt wart, jetzt aber begnadigt seid.

Einheit 6 — Den Richtigen wählen

#lifeforsingles

Leben! für Singles

Der Mythos des Seelenverwandten

Geht es beim Auswählen des Richtigen nicht darum, einfach nur denjenigen zu finden, der perfekt passt? Ein Satz, der häufig fällt, ist: „Ich suche nach meinem Seelenverwandten."

Seelenverwandter
Definition im Wörterbuch
-Nomen
-eine Person, mit der man eine starke Wesensverwandtschaft hat

Fakten:

- Das Wort Seelenverwandter kam in unserem Wortschatz bis 1800 nicht vor.
- Es wird nicht in der Bibel erwähnt.
- Das Konzept der Seelenverwandtschaft entspringt der griechischen Mythologie.
- Den Griechen zufolge hatten unsere Vorfahren zwei Köpfe und vier Arme. Als Strafe für das Beleidigen eines Gottes wurden sie von oben nach unten in der Mitte geteilt und so entstand die menschliche Rasse.
- Die Legende besagt, dass wir nun dazu verdammt sind, unsere zweite Hälfte zu suchen...unseren Seelenverwandten.
- Dieses Konzept wird durch viele andere Religionen bekräftigt.

Wenn also das Konzept des Seelenverwandten ihren Ursprung nicht im Christentum hat, warum suchen dann trotzdem so viele Christen nach ihrem Seelenverwandten? Warum glauben wir, dass es da draußen jemanden gibt, der perfekt zu uns passt?

Dieser tiefe Glaube wird durch die Medien verstärkt. Diese Philosophie bewirkt, dass wir uns die falschen Fragen stellen. Anstatt uns zu fragen „Wie finde ich den perfekt zu mir Passenden?", sollten wir uns fragen „Wie kann ich der Richtige sein?".

 DAS KONZEPT, EINEN SEELENVERWANDTEN ZU HABEN, IST GEFÄHRLICH!

- Wir können einer gescheiterten Beziehung nachtrauern, und denken, dass sie unsere einzige Möglichkeit zum Glück war, da derjenige unser Seelenverwandter war.
- Wenn in einer Beziehung Schwierigkeiten auftauchen, können wir überzeugt sein, den Falschen geheiratet zu haben.
- Stirbt der Ehepartner, kannst du nicht nochmal heiraten, da es nur einen Seelenverwandten gibt?

Einheit 6 — Den Richtigen wählen — 60

Markus 10:6-9

Als ursprüngliche Kreation schuf Gott männlich und weiblich, um zusammen zu sein. Daher verlässt ein Mann Vater und Mutter, und in der Ehe wird er ein Fleisch mit seiner Frau - nicht länger zwei Individuen, sondern eine neue Einheit wird geformt. Da Gott diese Einheit der zwei Geschlechter geschaffen hat, sollte keiner sein Kunstwerk durch Trennung entweihen.

Gott fügt zwei Menschen nicht wie Puzzleteile zusammen, er verschmilzt sie zu einer Einheit.

Gott sagt nicht, dass ein Mann und eine Frau eins werden, da sie Seelenverwandte sind. Er sagt, sie müssen Vater und Mutter verlassen, und er macht dann eins aus ihnen. Mit anderen Worten, er vollbringt das Zusammenmischen.

Zwei Teile eines Puzzles zusammen zu fügen ist keine gute Analogie für das Wunder, das Gott vollbringt, wenn er aus zwei eins macht. Das dafür verwendete Wort wird manchmal als „verbunden" oder „klammern an" oder „angeklebt" übersetzt.

Diese bindende Verpflichtung zwischen Ehemann und Ehefrau ist so stark, dass keiner sie trennen sollte. Gott dachte nicht an Scheidung, als er sie vereinigte.

www.lifeforsingles.com

Leben! für Singles

GOTT HAT EINEN PLAN FÜR UNSER LEBEN, ABER ER HAT UNS AUCH EINEN FREIEN WILLEN GEGEBEN

Wir müssen im Leben viele Entscheidungen treffen. Gott hat uns mit der Fähigkeit geschaffen, Entscheidungen zu tätigen und gute Wahlen zu treffen. Alle unsere Entscheidungen haben Konsequenzen. Wenn wir uns für gute Dinge entscheiden, dann bringt uns das Leben und Segen. Schlechte Entscheidungen bringen jedoch Tod und Flüche. Wir werden ermutigt, das Leben zu wählen.
Dies trifft auch auf die Wahl des Ehepartners zu.

1. Korinther 7:39 sagt: „…so ist sie frei, sich zu verheiraten, mit wem sie will; doch nur im Herrn!" Dieses Paradoxon von Freiheit und dennoch Grenzen ist ein Beispiel für Gottes große Liebe zu uns. Er wünscht sich sehr, dass wir uns für das Beste entscheiden und gibt uns daher Leitlinien für unser Leben, die uns davor bewahren, Fehler zu machen.

Weitere Grenzen werden aufgestellt, wenn es darum geht, wen ein Christ heiraten sollte. Gott sagt nicht nur „Tu das nicht!", er erklärt auch, warum man keinen Nichtchristen heiraten sollte.

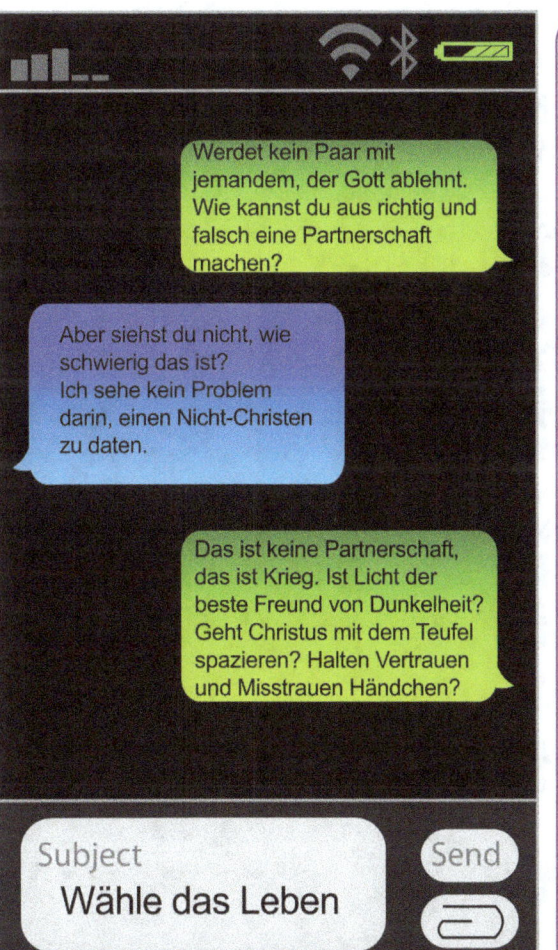

Lies und diskutiere
2. Korinther 6:14-18

Warum ist es so ein großes Problem, einen Nichtchristen zu daten?

ZUSÄTZLICHE DISKUSSION
Setze nicht voraus, dass der Teilnehmer weiß, was ein Christ ist. Der Begriff ist heutzutage so verwässert, dass viele behaupten, Christ zu sein und doch nur in ein christliches Elternhaus geboren wurden, oder glauben, dass es Jesus gibt, jedoch keine Hingabe ihm gegenüber haben.
Wie weißt du, ob jemand Christ ist?
    Frucht in seinem Leben
    Nicht nur Sonntags-Christ

Wie definiert man einen Christen?
    Glaube und Tat

Ist es wichtig, ob es verschiedene Level in der Hingabe zu Gott gibt?
    Hingabe und Ruf

KOLOSSER 3:12
So zieht nun an als Gottes Auserwählte, Heilige und Geliebte herzliches Erbarmen, Freundlichkeit, Demut, Sanftmut, Langmut.

Einheit 6 — Den Richtigen wählen

#lifeforsingles

Leben! für Singles

CHARAKTER ODER ZWISCHENMENSCHLICHE CHEMIE WÄHLEN?

Viele Filme legen einen großen Schwerpunkt auf die stimmende Chemie und dass sie den Basisbaustein einer Beziehung bildet. Die einzigen nötigen Zutaten, damit eine Beziehung funktioniert, werden als sexuelle Attraktion dargestellt. Die Biochemie spielt bestimmt eine Rolle, jedoch ist sie für eine erfolgreiche Beziehung auf keinen Fall die entscheidende Zutat. Viele biochemische Stoffe wurden bei Verliebten in erhöhtem Maß gemessen.

Die ausgelassenen oder euphorischen Gefühle, die auftreten, wenn wir uns verlieben, können der Freisetzung von Dopamin, Noradrenalin und Phenylethylamin in unser System zugeordnet werden. Dopamin produziert wohl ein Gefühl von Glück. Noradrenalin ähnelt Adrenalin und würde daher das Herzklopfen und die Aufregung erklären. Zusätzlich wurden in einigen Verliebten so hohe Serotonin-Level gefunden, wie sonst bei Menschen mit einer Zwangsstörung.

Es ist daher keine große Überraschung, dass, seit Gott uns geschaffen hat, chemische Stoffe eine Rolle spielen, und er in uns den Wunsch gelegt hat, zu lieben und geliebt zu werden. Das Problem entsteht, wenn wir uns ausschließlich auf diesen chemischen Cocktail beziehen und nur ihn zum Finden des Richtigen benutzen.

> Wir verhalten uns zu oft gegenteilig zu Gottes Entwurf. Vergiss nicht, du triffst in den ersten 4-20 Sekunden die Entscheidung, ob du für jemand anderen attraktiv sein möchtest. Unser Körper prescht vorwärts und möchte als erster die Entscheidung treffen, wer der Richtige ist. Danach arbeitet unser Verstand aus, ob das eine gute Idee ist. Die kleine leise Stimme des Heiligen Geistes wird dabei oft ignoriert.

Körper, Seele und Geist - oder - Geist, Seele und Körper?

Erinnere dich, dass wir aus drei Bereichen bestehen. Gott hat bei seinem Entwurf einen Sicherheitsmechanismus eingebaut, den wir benutzen sollen.

1. Geist

Ist Frieden vorhanden? Philipper 4:6-7
Hörst du Gottes Wegweisung? Jesaja 30:21
Überlässt du ihm die Leitung? Sprüche 3:6

 LAUTSTÄRKE HOCH

2. Seele

Gott legt viel Betonung auf den Charakter. Um den Charakter eines anderen klar zu erkennen, müssen wir jedoch lernen, mit unserem Kopf zu hören und nicht mit unseren Gefühlen.
Hast du um göttlichen Rat gebeten? Sprüche 11:14
Hast du Gott um Weisheit gebeten? Jakobus 1:5

 LAUTSTÄRKE RUNTER

3. Körper

Wenn wir uns nur auf Biochemie verlassen, dann trifft unser Körper Entscheidungen, von denen wir wissen, dass sie nicht gut für uns sind. Dies erklärt, warum manche in negativen oder missbrauchenden Beziehungen enden. Attraktivität ist nicht falsch, sie sollte nur nicht die Leitkomponente sein.
Galater 5:16

 LAUTSTÄRKE AUS

www.lifeforsingles.com

Leben! für Singles

SOLL ICH DIE CHECKLISTE WEGWERFEN?

Bei der „Der Richtige sein"-Lektion haben wir untersucht, wie wir abschneiden würden, wenn jemand uns mit unserer Liste benoten würde.

Ist es von Nutzen, eine Checkliste zu haben?

Sondiert die Vor- und Nachteile einer Checkliste.

Oft haben die obersten Punkte einer Checkliste mit physischer Attraktivität und dem Persönlichkeitstyp zu tun. Wir haben bereits gelernt, dass Persönlichkeit nicht das gleiche wie Charakter ist.

Betrachte Sprüche 12:4: Eine Ehefrau mit noblem Charakter ist die Krone ihres Mannes. Aber eine schändliche ist wie ein Fraß in seinen Gebeinen.

Sprüche 31:10: Eine tugendhafte Frau - wer findet sie? Sie ist weit mehr wert als Perlen.

Sprecht nicht über Schönheit und Persönlichkeit.

Check List:
- Humorvoll... aber kein Clown[6]
- Selbstbewusst... aber nicht arrogant
- Finanziell abgesichert... aber nicht davon besessen
- Gesund... aber kein Gesundheitsfanatiker
- Praktisch veranlagt... aber kein Sammelwütiger
- Kommuniziert gut... aber nicht zu gesprächig
- Geistlich... aber nicht so sehr, dass er/sie völlig unnütz ist

[6] aus einem Artikel von Roberts, A.

Die Liste könnte noch weitergehen... gewissenhaft, verlässlich, ehrlich, ehrenwert, respektvoll, großzügig, demütig, selbstdiszipliniert, empathisch, integer sein, mitfühlend, loyal, moralisch, geduldig, leidenschaftlich und liebevoll... Das Problem ist erkennbar...wir können unerreichbare Checklisten erstellen, die die meisten Menschen auf diesem Planeten disqualifizieren würden. Auch wenn viele Punkte auf dieser Liste gut sind, wie können wir ernsthaft erwarten, dass jemand es schafft, auf diesem Standard zu leben? Folgende Frage zu stellen, ist einfacher: „Gibt es den Beweis, dass der Heilige Geist im Leben dieser Person arbeitet?" Wenn du diese Frucht sehen kannst, dann weißt du, dass es sich lohnt, in diese Person Zeit zu investieren.

ADVANTAGES – GALATER 5:22-23
Die Frucht des Geistes aber ist Liebe, Freude, Friede, Langmut, Freundlichkeit, Güte, Treue, Sanftmut, Selbstbeherrschung. Gegen solche Dinge gibt es kein Gesetz.

DISADVANTAGES

WIE KANNST DU EINE INTELLIGENTE WAHL TREFFEN?

Freundschaft kann dir ein wichtiges Fenster bieten, die „reale" Person zu betrachten. Frage dich:

WIE SIND SIE WENN:

sie traurig sind?

sie unter Stress und Druck stehen?

sie frustriert sind?

sie ärgerlich sind?

andere lästern?

sie ein Spiel verlieren?

ihre Peer-Group etwas tut, das sie nicht machen sollte. Vertreten sie klar Gottes Standpunkt oder machen sie mit?

GIBT ES IRGENDWELCHE HINDERUNGSGRÜNDE, AUF DIE MAN ACHTEN SOLLTE?

Absolut! Es gibt einige Charakterzüge, die sehr destruktiv sind. Es ist leichtgläubig zu hoffen, dass du in der Lage bist, die Person, die du überlegst zu heiraten, zu verändern. Das ist eine unrealistische Perspektive.

Wärst du bereit, den Rest deines Lebens mit einer Person zu verbringen, die dich betrügt, ein Lügner, Dieb, Glücksspieler, Suchtkranker, Kontrollfreak, Diktator ist oder dich missbraucht?

Wenn du einige dieser Anzeichen siehst, dann begib dich mit der Person nicht in eine Beziehung! (Wenn du auf der Liste einige negative Dinge entdeckst, die auf dich selber zutreffen, dann hole dir Hilfe! Hoffe nicht einfach nur, dass diese Dinge sich mit der Zeit von alleine ändern!)

Wenn der schicksalergebene Ansatz, den Richtigen zu finden, beseitigt wurde, kann sich das ein wenig überwältigend anfühlen. Angst oder die Sorge, einen Fehler zu machen, kann sich einschleichen. Wir sind jedoch ermutigt, dass Gott uns die Weisheit geben wird, die wir brauchen. Bete und bitte Gott, dass er dir die Weisheit gibt, den Richtigen zu wählen.

> ### SPRÜCHE 4:11
> Ich will dich den Weg der Weisheit lehren, dich leiten auf gerader Bahn.

„Dies sind die Jahre, in denen ein Mann zu dem Mann wird, der er für den Rest seines Lebens sein wird. Sei aber vorsichtig, in wen du dich veränderst." — Uncle Ben aus Spiderman

Viele Menschen denken, dass ein guter Charakter und Weisheit mit dem Alter kommen. Wenn das wahr wäre, dann würde die Gesellschaft ganz anders sein, als wie sie heute ist. Die Wahrheit ist, ein guter Charakter beginnt mit gut getroffenen Entscheidungen.

Wir beten dafür, dass du jetzt besser ausgestattet bist, den Richtigen zu wählen.

www.lifeforsingles.com

Woche 7

Leben! für Singles

Das Dating-Spiel

Ziel dieser Einheit:

Hebe hervor, dass kulturelle Erwartungen oft nicht das gleiche wie Gottes Plan sind.

Die Teilnehmer sollen verstehen, warum „just-for-fun"-Dating schädlich ist.

Das Konzept vorstellen, wie viele schlechte Entscheidungen vermieden werden können: es ist besser, die Sache in Ruhe anzugehen, anstatt alles ganz schnell zu wollen.

Verstehen, was Gottes Plan zum Thema Segen ist.

Benötigte Utensilien / Notizen zur Planung:

Stoppuhr

Zwei Blatt Papier, ein rotes und ein blaues. Klebe sie im Voraus zusammen. (Wenn du die Bibelstelle liest, reiss sie auseinander. Illustriere damit den Schaden, der bei nicht gottgewollten seelischen Verbindungen entsteht.)

Gebetsfokus:

Bete, dass die Teilnehmer Gottes Plan für Beziehungen verstehen, und dass Gott in ihnen eine Sehnsucht bewirkt, seinem Willen zu folgen.

Bete, dass kulturelle Barrieren eingerissen werden.

Notizen der Gebetszeit:

Mögliche Probleme:

Kulturen unterscheiden sich gewaltig voneinander. In einigen Kulturen ist „just-for-fun"-Dating normal, in anderen ist Dating verboten. Pass auf, dass du nicht versucht bist, die Teilnehmer aus eigener Kraft zu überzeugen...lass den Heiligen Geist die Arbeit tun.

Einheit 7 — Das Dating-Spiel

#lifeforsingles

Leben! für Singles

Das Dating-Spiel

Da dieser Kurs viele Kulturen und Länder erreichen wird, ist es wichtig anzumerken, dass Dating unterschiedliche Bedeutungen für unterschiedliche Menschen hat. Für manche bedeutet ein „Date" haben, den ersten Schritt in den Kennenlernprozess zu machen. Somit ist es ein grundlegendes Werkzeug, um jemanden kennenzulernen, und beinhaltet normalerweise zusammen einen Kaffee trinken zu gehen und sich zu unterhalten. Für andere hat das Wort „Date" eine viel gewichtigere Bedeutung. Es lässt sich daraus schließen, dass man in einer Beziehung ist, die in eine bestimmte Richtung geht. Es wird als ernsthafte Bindung zwischen zwei Personen gesehen. Für andere ist jemanden zu daten ein unglaublich zwangloser und selbstzentrierter Prozess, der auch als „jemanden abschleppen" bezeichnet werden kann. Ist jemanden daten das gleiche wie in einer Beziehung sein? In einem einzigen Land variieren die Bedeutungen stark. Und wie ist es mit der Interpretation eines Christen und eines Nicht-Christen?

Was denkst du, bedeutet der Begriff „jemanden daten"?

Je nachdem in welchem Land und in welcher Kultur ihr seid, werden die Antworten variieren. Wenn es unter den Teilnehmern unterschiedliche Meinungen geben sollte, dann benutze dies, um hervorzuheben, wie das zur Verwirrung zum Thema daten beiträgt.

Hattet ihr alle die gleiche Meinung?

Feuere nicht lauter zufällige Pfeile ab, in der Hoffnung einer trifft – sie können anderen weh tun!

In den 1960ern kam eine Show raus, die hieß „The Dating Game" (das Dating Spiel). Die Show reflektierte die Veränderung der Denkweise der Gesellschaft. Dating war zu einer Freizeitbeschäftigung geworden, eher ein Spiel als etwas, das zielgerichtet ist. Dies ist zu einem so stark akzeptierten Konzept geworden, dass ein hoher Prozentsatz der Leute (Christen eingeschlossen) sich daten, um Spaß zu haben und nicht mit dem Ziel, den Richtigen zu finden. Nachdem das Daten neu definiert wurde, schlich sich viel Verunsicherung ein, was dieser Begriff denn nun wirklich bedeutet. Ich habe die Tendenz, die Begriffe „sich daten" und „in einer Beziehung sein" austauschbar zu benutzen. Das spiegelt mein Verständnis des Konzepts wieder. Erst kürzlich wurde ich herausgefordert, dass „Dating" viel lockerer ist als das, wie ich es betrachte, und einfach eine Möglichkeit darstellt, um zu jemandem eine Freundschaft zu entwickeln, der außerhalb des eigenen sozialen Umfeldes ist. Wie auch immer dein Verständnis ist, es ist trotzdem gut, die folgende Frage zu beantworten: Warum daten?

Warum daten?

Wir sind alle einzigartig und haben einzigartige Gründe, warum wir uns daten wollen oder uns in eine Beziehung begeben möchten. Es ist wichtig, deine Motive und Wünsche zu verstehen, denn es wird dir einen Einblick geben, was vielleicht in vorherigen Beziehungen falsch gelaufen ist.

Ob du nun glaubst, dass daten bedeutet, in einer Beziehung zu sein oder es ein Sprungbrett in eine Beziehung ist, es ist wichtig zu wissen, was deine Erwartungen an eine Beziehung sind.

Was erhoffst du dir von einer Beziehung?

Einige Vorschläge:
Freundschaft, Gesellschaft, Einsamkeit füllen, das Ego pushen, Selbstwert, Beliebtheit, Neugier und Akzeptanz

Mit anderen Worten, meine Absicht jemanden zu daten ist:

Anhand dieses Feedbacks kann man erkennen, aus welchen unterschiedlichen Gründen sich Menschen in Beziehungen begeben. Zum jetzigen Zeitpunkt der Lektion korrigiere und lehre noch nicht! Die richtige Absicht, sich in eine Beziehung zu begeben, wird während dieser Lektion behandelt werden.

Die meisten Singles haben Fragen zum Thema Dating, aber viele Fragen drehen sich eher um das Wie und nicht so sehr um das Ziel des Datings. Dies ist ein sicherer Weg in die Katastrophe und schadet permanent dem Herz.

Das Entscheidende ist, zu entdecken, was Gott zum Thema Dating sagt, nach seinen Prinzipien zu leben und nicht dem zu folgen, was kulturell beliebt ist. Unglücklicherweise kommt vieles, was wir über Dating und Romantik wissen, aus den Medien, die Beziehungen oft unrealistisch darstellen.

WAS SAGT GOTT DAZU?

Die Bibel schweigt zu diesem Thema. Das heißt nicht, dass sie keine Ratschläge zum Thema Beziehung gibt, aber sie spricht einfach nicht über Dating…was daran liegt, dass das Prinzip des „Datings" nicht biblisch ist!

Wenn wir wirklich hören wollen, was Gottes Herz zu diesem Thema sagt, dann ist es wichtig, unsere soziale Konditionierung komplett zur Seite zu stellen.

Vater,
wir wollen deinen Plan für unser Leben verstehen. Wir wollen das Leben so gut
wie möglich leben, nicht so schlecht wie möglich. Hilf uns zu begreifen, welchen
Segen du für unser Leben vorgesehen hast und wie wir darin leben können.
Hilf uns, alle vorgefassten Ideen zur Seite zu legen und auf dein Herz zu hören.
Amen

#lifeforsingles

Leben! für Singles

Es gibt einen Grund, warum ein Großteil der Betonung dieses Kurses auf Freundschaft liegt. Freundschaft sollte eine Basis von jeder Beziehung sein und ganz sicher die Basis für eine Ehe. Leider gibt es nicht viele Möglichkeiten, das andere Geschlecht in einer Umgebung kennenzulernen, wo nur Freundschaft unterstützt wird. Wenn du hörst, dass ein Paar ein Date hat, denkst du dann sofort daran, dass sie nur eine Freundschaft aufbauen?

Warum ist das so?

Man hat meistens bestimmte Erwartungen, wenn man den Begriff „Dating" benutzt. Es ist möglich, dass Menschen sich in einer Beziehung wiederfinden, ohne recht zu wissen, wie sie da eigentlich gelandet sind. Wenn sie die andere Person nicht zuerst als Freund kannten, dann entdecken sie mit der Zeit Eigenschaften, die ihnen nicht gefallen, und versuchen dann aufgebracht zurück zu rudern, um der Situation zu entkommen.

Gibt es eine Lösung?

Im Grunde wäre es großartig, wenn wir eine normale und natürliche Fähigkeit hätten, Freundschaften mit dem anderen Geschlecht zu entwickeln, ohne dabei Erwartungen an eine romantische Beziehung zu haben. Eine ideale Umgebung wäre eine, in der wir miteinander interagieren, ohne dabei eine Maske zu tragen. Dies würde den Menschen ermöglichen, sich zu einer realen Person hingezogen zu fühlen und nicht zu einer Illusion, die von der anderen Person dargestellt wird. In vielen Kulturen, in denen Dating schon in jungen Jahren stattfindet, ist der Druck, in einer romantischen Beziehung sein zu müssen, sehr hoch, und natürliche Freundschaften mit dem anderen Geschlecht sind schwer zu formen.

Im kirchlichen Umfeld kann das besonders schlecht sein. „Hilfsbereite" Menschen machen es mit ihren Partnervermittlungsanstrengungen unwissentlich unmöglich für Singles, den anderen ganz natürlich und ungezwungen kennenzulernen. Vielleicht standest du schon einmal unter diesem Druck und warst nicht gewillt, auf jemanden zuzugehen, zu dem du dich hingezogen fühltest, da du vor Freunden, die es nur gut meinten, Angst hattest, ganz schnell vor den Traualtar gezogen zu werden.

Hast du ein Umfeld, in dem du Leute vom anderen Geschlecht ohne irgendwelche Erwartungen als Freunde kennenlernen kannst?

Einheit 7 — Das Dating-Spiel

Leben! für Singles

IST ES MÖGLICH, DATING NEU ZU DEFINIEREN?

Es gibt einige verschiedene Wörterbuchdefinitionen, aber sie alle stimmen über die Grundbedeutung von Dating überein. Wir können versuchen, den Begriff neu zu definieren, würden damit aber womöglich nur noch mehr Verwirrung auf dem weiteren Weg stiften.

> http://dictionary.cambridge.org/us/dictionary/english/date
>
> JEMANDEN DATEN:
>
> Regelmäßig Zeit mit jemandem verbringen, mit dem man eine romantische Beziehung hat.

Wenn Singles Zeit mit jemand anderem verbracht haben und dies in einem Dating-Rahmen stattfand, dann äußerten die Singles oft, dass sie eine gewisse Zeit verunsichert waren. Sie waren sich nicht sicher, ob dies schon eine Beziehung darstellte oder noch nicht. Sie wollen keine unrealistischen Erwartungen haben, aber oft ist es schwierig, ein Gespräch zu führen, das klar macht, in welchem Stadium sie sich befinden.

> *Hast du so etwas schon einmal erlebt?*

PHASE 1 — Man wird dich fragen, wie lange diese Phase dauern sollte. Dies zu beantworten ist nicht einfach. Manche Menschen kann man sehr leicht kennenlernen, andere sind verschlossen.

ALS ERSTES MUSS FREUNDSCHAFT ENTSTEHEN

Da Freundschaft ein Schlüsselelement in einer Ehe ist, sollte zuerst also auch Freundschaft entstehen. Wenn es für euch schwierig ist, sich zu unterhalten oder bei bestimmten Dingen übereinzustimmen, dann wird sich das auch nicht in einer Ehebeziehung ändern. Die Meinungsverschiedenheiten werden eher noch intensiver werden.

> *Ist es von Belang, wenn du seine/ihre Hobbys, Gewohnheiten oder Freunde nicht teilen kannst? Oder wenn ihr bei Politik, Religion oder Fußball nicht übereinstimmt?*

Der beste Weg, um das „reale Ich" von jemandem kennenzulernen, ist, ihn als Freund kennenzulernen. Ihr könnt in einer Gruppe von Freunden miteinander Zeit verbringen und eure Freundschaft ausbauen. Jedoch ist dies nicht der Zeitpunkt, um deine Interessen deutlich zu machen, denn dann siehst du vielleicht nur eine Maske und nicht die reale Person. Leider ist dies nicht immer möglich, besonders wenn die Person, an der du interessiert bist, nicht aus deinem Freundeskreis kommt. Schwierig wird es auch, wenn du jemand bist, der sein Herz auf der Zunge trägt.

Wenn die Person nicht aus deinem Freundeskreis ist, kannst du, mit der Absicht, die Person besser kennenzulernen, fragen, ob ihr zusammen einen Kaffee trinken geht. Wenn dir das, was du dabei kennenlernst, gefällt, dann involviere diese Person in deinen Freundeskreis. So kannst du sie auch in einem anderen Zusammenhang sehen. Außerdem lerne diese Person auch kennen, wenn sie mit ihren Freunden zusammen ist.

#lifeforsingles

Leben! für Singles

Entdecke, wie die Person bei positiven und negativen Umständen reagiert

Erinnere dich, welche Fragen du in der Lektion „Den Richtigen wählen" betrachten solltest. Vernachlässige es nicht, den Charakter des anderen zu prüfen.

Wie verhält er sich: wenn er traurig ist, unter Druck steht, gestresst oder wütend oder frustriert ist?

Geduld, keine Hektik

Manche Menschen stürzen sich Hals über Kopf in eine Beziehung, ohne sich Zeit zu nehmen, den anderen im Vorfeld richtig kennenzulernen. Um Fallstricke beim Dating zu vermeiden, raten wir dir, geduldig zu sein. Viele nutzen das Dating, um den anderen besser kennenzulernen und zu entdecken, wer er wirklich ist. Wir schlagen dagegen vor, dass du schon eine Menge über den anderen lernen kannst, indem du ihn einfach beobachtest.

Wenn du zu dem Schluss kommst, dass es jemand wert ist, ihn besser kennenzulernen, dann lass dich nicht in Versuchung bringen, diesen Prozess beschleunigen zu wollen. Beziehungen brauchen Zeit! Sei bereit, Zeit zu investieren, und gehe mit der Person, die du als Ehepartner in Erwägung ziehst, durch verschiedene Lebensabschnitte.

Geduldiges Laufen ist die gleichmäßige Kraftanstrengung eines Athleten, wenn er eine lange Distanz läuft. Dies bewirkt, dass er nicht auf halber Strecke ausbrennt. Eine Beziehung auf lange Sicht leben zu können, benötigt eben dieses geduldige Laufen.

Stelle eine Stoppuhr auf 90 Sekunden. Rede über das Konzept, sich beim Auswählen Zeit zu nehmen. 90 Sekunden werden schnell um sein.

Höre eher auf deinen Kopf als auf deine Hormone

Nimm dir die Zeit, die du brauchst

Wusstest du, dass manche Menschen mehr Zeit damit verbringen, sich zu überlegen, welche Krawatte sie tragen wollen, anstatt ob sie jemanden mögen oder nicht?

Psychologen haben bewiesen, dass es zwischen 90 Sekunden und 4 Minuten dauert, um zu entscheiden, ob man auf jemanden steht.

Das ist eindeutig nicht genug Zeit, um eine Entscheidung fürs ganze Leben zu treffen. Der Liedtext aus „The Doors" veranschaulicht dieses Problem recht gut: „Hallo, ich liebe dich! Sagst du mir, wie du heißt?" Das ist Begierde, nicht Liebe!

 Lass dich nicht in Versuchung bringen, diesen Prozess zu überstürzen!

Wer in Eile heiratet, hat alle Zeit, es in Muße zu bereuen!

Sprüche 25:24
Es ist besser, in einem Winkel auf dem Dach zu wohnen, als gemeinsam mit einer zänkischen Frau in einem Haus.

Sprüche 27:15
Eine rinnende Dachtraufe an einem Regentag und eine zänkische Frau, die gleichen sich.

Chinesische Wasserfolter ist eine Foltermethode, bei der langsam Wassertropfen für Wassertropfen auf die Stirn einer Person getropft wird, was diese in den Wahnsinn treibt. Schlechte Entscheidungen können zu lebenslangem Kummer führen.

www.lifeforsingles.com

Leben! *für Singles*

Nimm dir unbedingt Zeit, damit du die Person, die du heiraten möchtest, auf jeden Fall kennst!

Alleinstehend zu sein, ist im Moment vielleicht nicht so toll, aber lebenslang mit jemandem zusammen zu sein, der einen schlechten Charakter hat, ist viel schlimmer!

Mache den Veranda-Test!

> Kannst du dir vorstellen, mit ihm/ihr den Rest deines Lebens zu verbringen? Auf der Veranda sitzen und mit Freude alt werden?

Kannst du dir vorstellen, mit ihm/ihr die nächsten 40, 50 oder 60 Jahre zusammen zu sein? Attraktivität ist in einer Beziehung wichtig, aber mit der Zeit verändert sich das Aussehen. Gefällt dir, wie der andere ist und nicht nur wie er aussieht? In der Lektion „Den Richtigen wählen" wurden die Charaktereigenschaften betont, nach denen du Ausschau halten solltest. Überspringe nicht die Phase der Freundschaft!

 Ist es schlimmer, mit jemandem, der Charakterprobleme hat, verheiratet zu sein? Oder ist es schlimmer, lebenslang Single zu sein?

 Hast du miterlebt, wie der andere mit seiner Familie umgeht? Wie ist seine Beziehung zu seiner Mutter? Wie ist ihre Beziehung zu ihrem Vater? DRÜCKE DEN VORWÄRTS-BUTTON

> Frühere Lebensmuster können nach ein paar Jahren Ehe zutage treten. Diskutiert über verschiedene negative Verhaltensmuster, in die Menschen fallen, wenn sie mit ihrer Familie zusammen sind, und die Auswirkungen auf die Ehe haben können. Die Familie des anderen zu treffen, bedeutet nicht nur, die Eltern vorgestellt zu bekommen; es ist ein wertvolles Fenster, um zu sehen, was für die Person, die du als Ehepartner in Betracht ziehst, Familienleben bedeutet. Bete für die Familiensituationen der Teilnehmer.

Beschleunige diesen Prozess nicht! Es kann sein, dass du jemanden beobachtest, wenn gerade alles gut läuft. Jedoch hattest du dann noch nicht die Gelegenheit, den anderen zu beobachten, wenn es eine schwierige Situation zu händeln gibt. Vergiss nicht: Beziehungen vertragen keine Abkürzung!

 Neige ich dazu, mich in eine Beziehung zu stürzen?

Wenn ja, warum? Gibt es etwas, das ich brauche? Etwas, das ich vermisse?

Habe ich Angst, etwas zu verpassen? Diese Gelegenheit zu verpassen?

Wir möchten dir raten, eine Grenze zu setzen: ZEIT. Es ist nicht verkehrt, dem anderen zu sagen: „Nein, ich möchte jetzt noch keine romantische Beziehung zu dir haben. Ich kenne dich noch gar nicht." Wenn du gar kein Interesse an einer Beziehung mit dem anderen hast, solltest du dies jedoch nicht als Ausrede oder Vermeidungstaktik benutzen. Zu vielen Menschen wurde schon wehgetan, indem ihnen keine ehrliche Antwort gegeben wurde und sie, obwohl kein Interesse bestand, in die „Freundschaftszone" geschoben wurden und sich dann falsche Hoffnungen gemacht haben.

#lifeforsingles

Leben! *für Singles*

Wenn jemand, der mit dir ausgehen möchte, nicht bereit ist, dich erst als Freund kennenzulernen, dann lass dich nicht aus Angst, etwas verpassen zu können, auf eine Beziehung ein. Wenn derjenige dann einfach jemand anderen fragt, wäre er deiner überhaupt wert gewesen?

WAS PLANST DU GERADE?

> Du planst etwas, selbst wenn du dir dessen nicht bewusst bist.

„Wenn du nicht vorhast, die Person, die du gerade datest, zu heiraten, wann wirst du dann mit ihr Schluss machen?"
Jeff Hidden

> Oft denken wir nicht über die Langzeitkonsequenzen unserer Handlungen nach: den Schaden, den wir uns und anderen zufügen, und die Auswirkungen, die das auf unsere Zukunft haben wird.

Ohne Intentionen zu daten (Just-for-fun-Dating) verursacht großen Schaden, selbst wenn beide Seiten wissen, dass ihre Beziehung nur zum Spaß ist. Emotionaler Schmerz ist nicht der einzige Schaden, der beim Beenden der Beziehung entsteht. Du kannst ein Muster entwickeln, wonach du eine Beziehung beendest, sobald es schwierig wird oder der andere dir nicht mehr gefällt. Dieses Muster nimmst du mit in die Ehe und kommst dann in Versuchung, dich scheiden zu lassen, anstatt schwierige Phasen durchzustehen…alle Beziehungen erleben übrigens schwierige Phasen.

Unsere Populärkultur hat uns mit der Lüge gefüttert, dass Dating harmlos ist…es ist nur ein bisschen Spaß. Wenn wir dieser Lüge glauben, dann ist es ganz einfach, loszudaten und dabei keine Verantwortung zu übernehmen. Dating wird somit zu einer selbstfokussierten Aktivität, die nur unserem eigenen Nutzen dient. Narzissmus (Selbstliebe oder Selbstsucht) ist ein wachsendes Problem geworden, und die „Ich kann mein Leben so leben, wie ich will"-Mentalität ist heutzutage vorherrschender als jemals zuvor.

Untersuchungen zeigen, dass diese Denkweise sehr schädlich für Beziehungen ist. Jedoch macht uns Gott für unser Handeln verantwortlich, nicht nur für unsere eigenen Aktionen, sondern auch, wie wir andere behandeln. Jesus hat DAS Beispiel für Selbsthingabe, nicht Selbstzentriertheit, gezeigt!

Nimm dir Zeit, deine vergangenen Beziehungen zu beurteilen.

- *Worauf basierten sie?*
- *Waren das gesunde Beziehungen?*
- *Hast du gesunde Entscheidungen getroffen?*
- *Wie hast du die anderen behandelt?*
- *Hast du gute Grenzen eingehalten?*
- *Welche geistlichen Auswirkungen gab es?*

> Selbst wenn du Fehler gemacht oder schlechte Entscheidungen getroffen hast, musst du diese Muster nicht fortführen. Bitte Gott, dir zu helfen, in der Zukunft weise Entscheidungen zu treffen und den Richtigen zu wählen.

Einheit 7 — Das Dating-Spiel

www.lifeforsingles.com

Leben! für Singles

Planst du zu Daten?

Ein erfolgreiches Date erfordert viel Vorbereitung und Planung: die Örtlichkeit aussuchen (Kino, Restaurant, etc.) und im Voraus planen, was ihr machen werdet. Zusätzlich kommt der Aufwand, das perfekte Outfit auszuwählen, sicherzugehen gut zu riechen und dass du dich in Topform präsentierst.

 Hast du genauso viel Zeit investiert, um dein Herz vorzubereiten?

Hast du dafür gebetet, dass Gott dich führt und leitet und dir den Richtigen zeigt? Psalm 25:9

Warst du bereit, auf seine Richtungsweisung zu warten?

Hast du solange gewartet, bis du dir über den Charakter des anderen sicher warst?

Jetzt, wo du weißt, worauf es ankommt, hast du der Sache genug Zeit gegeben?

Man kann leicht ungeduldig werden, wenn man das Gefühl hat, noch nichts Genaues von Gott gehört zu haben. Warte! Das gilt auch, wenn du jemanden gefragt hast oder von jemandem gefragt wurdest. Entscheide nicht schnell unter Druck! Wenn jemand nicht bereit ist zu warten, damit du Gott fragen kannst, dann sagt das eine Menge über seine Gottesbeziehung aus und wieviel Respekt er dir gegenüber hat. Lass dich nicht von „Gott hat mir gesagt, du bist der Richtige." manipulieren. Der andere kann warten, bis Gott dir das sagt.

Wenn du Zeit, Gedanken und Gebet investiert hast, dann lass dich nicht von der Angst zurückhalten, dass du etwas falsch verstanden hast. Es gibt definitiv einen Mittelweg, der gefunden werden muss: zwischen Dating als etwas Alltägliches betrachten und sich so viele Sorgen machen, dass du letztendlich nie den Sprung wagst, um eine romantische Beziehung zu beginnen.

Lass dich von der Angst, etwas falsch zu machen, nicht zurückhalten! Du wirst es bereuen!

Vielleicht argumentierst du damit, dass du noch nicht bereit für die Ehe bist, noch zu jung für diese Art von Bindung. Als Reaktion darauf sollte vielleicht eine andere Frage gestellt werden. Wenn du noch nicht für die Verantwortung einer Ehe bereit bist, bist du dann bereit, die Verantwortung des Datings zu tragen? Wenn du eine Beziehung eingehst, dann bist du für das Herz des anderen verantwortlich!

MAß FÜR DIE REIFE

Viele Jugendliche daten…und viele Erwachsene, die in ihrer Geisteshaltung immer noch jugendlich sind, daten auch. Woran kannst du also festmachen, ob du bereit fürs Daten bist? Nur nach dem Alter zu gehen, ist unzulänglich, dies würde nämlich nur definieren, wann jemand physisch reif genug ist. Es würde nicht die emotionalen und geistlichen Aspekte berücksichtigen.

Die folgende Liste soll dich nicht überfordern, sie ist nur als Leitfaden gedacht; etwas, worauf du hinarbeiten kannst. Wenn du auf einem guten Weg bist, in diesen Bereichen „erwachsen" zu werden, dann bereitest du dich gut für deine Zukunft vor. Denk daran, wir sind aus drei Teilen geschaffen und müssen jeden Bereich berücksichtigen.

#lifeforsingles

Es gibt noch andere Fragen, die du dir stellen kannst, ob du fürs Dating bereit bist.

Bist du bereit, ein Versprechen zu geben, das für das ganze Leben gilt?

Ein Versprechen, um was zu tun? Ein Versprechen, den Bund zu ehren, die Eheversprechen zu halten und die Bedürfnisse des anderen höher als die eigenen zu stellen!

Körper / Physisch

Normalerweise steuert unser Körper uns auf eine Beziehung zu. Chemische Substanzen legen los und es kann sich so anfühlen, als ob Hormone den Fuß auf dem Gaspedal haben. Wir sollten prüfen, ob wir nicht nur körperlich für eine Beziehung bereit sind. (Die Fragen sind für beide Geschlechter.)

Arbeitest du hart? Sprüche 14:23

Du stehst finanziell vielleicht noch nicht auf eigenen Beinen, aber wenn du hart arbeitest und dein Geld weise einsetzt, dann kannst du ernsthaft über eine Beziehung nachdenken. Wenn du faul bist, dann hast du ein Charakterproblem, das du Gott bringen und verändern musst. Faulheit hat nicht nur Auswirkungen darauf, versorgt zu sein, sondern auch auf die Harmonie zuhause.

Wirst du genug zum Leben haben?

Manche werden das als Reichtum interpretieren. Sie zögern und zögern das „sich Festlegen" auf Grund von materiellen Zielen hinaus. Diese Ziele stellen kein Glück dar. Trotzdem wird Stress in der Ehe vermindert, wenn man genug zum Leben hat.

Bist du in der Lage, ohne finanzielle Unterstützung der Eltern zu leben? Kannst du dir ein eigenes Zuhause mieten/kaufen?

1. Mose 2:24 sagt: „Darum wird ein Mann seinen Vater und seine Mutter verlassen und seiner Frau anhängen und sie werden ein Fleisch sein."

Hast du die Fähigkeiten, die es braucht, einen Haushalt zu führen?

Gehe nicht davon aus, dass diese Dinge sich später von alleine regeln.

Obwohl es möglich ist, Dinge zu lernen, wenn es soweit ist, ist es doch besser, vorbereitet zu sein. Denke über die Dinge nach, die du noch lernen musst, und eigne dir die entsprechenden Fähigkeiten an. Es ist einfacher, sich auf das Eheleben einzustellen, wenn du gewohnt bist, für dein eigenes Heim zu sorgen.

Achtest du konsequent auf deine Gesundheit und Hygiene?

Übernehme für deine Ernährung, Bewegung, Gesundheit und Hygiene Verantwortung. Gewöhne dir gute Gewohnheiten an. Lerne deine eigenen Klamotten zu waschen und sorgsam damit umzugehen. Du heiratest weder eine Hausmagd noch deine Mutter!

Falls du dieses Level noch nicht erreicht hast, arbeitest du darauf zu? Bilde dir nicht ein, dass sich diese Dinge später von alleine einfinden. Der Lernprozess hört nie auf, demnach ist das Ziel nicht Perfektion. Das Ziel ist jedoch, auf dem Weg dahin zu sein und dein Bestes zu geben.

Leben! für Singles

BIST DU EMOTIONAL REIF?

Die Ehe kann sowas wie ein Schock sein, besonders wenn du auf den „Ich werde all meine Bedürfnisse erfüllt bekommen"-Mythos hereingefallen bist. Was viele nicht gedacht hätten, ist: Liebe in einer Ehe ist nicht einfach nur romantische Liebe, sondern auch selbstaufopfernde Liebe.

Bist du bereit, dich um das dir anvertraute Herz des anderen zu kümmern und nicht in deinem Interesse zu handeln, sondern in ihrem/seinen?

Bist du bereit, selbstlos zu lieben?

Lebst du selbstlose Liebe bereits mit deiner Familie und deinen Freunden?

> Emotionale Reife ist ein emotionales Thema. Viele junge Menschen haben Probleme zu erkennen, dass sie emotional reif sind. Betone besonders bei jungen Teilnehmern, dass emotionale Reife kein altersabhängiger Wert ist, sondern handlungsabhängig ist.

Falls du es nicht schon tust, kannst du üben, deine Familie und Freunde so zu lieben, wie Gott es möchte. Lass das zu einem Lebensstil werden; zu dem, wer du bist. Bitte Gott, dir übernatürliche Liebe für andere zu geben, die dir helfen wird, emotional zu wachsen und bereit für die nächste Lebensphase zu sein.

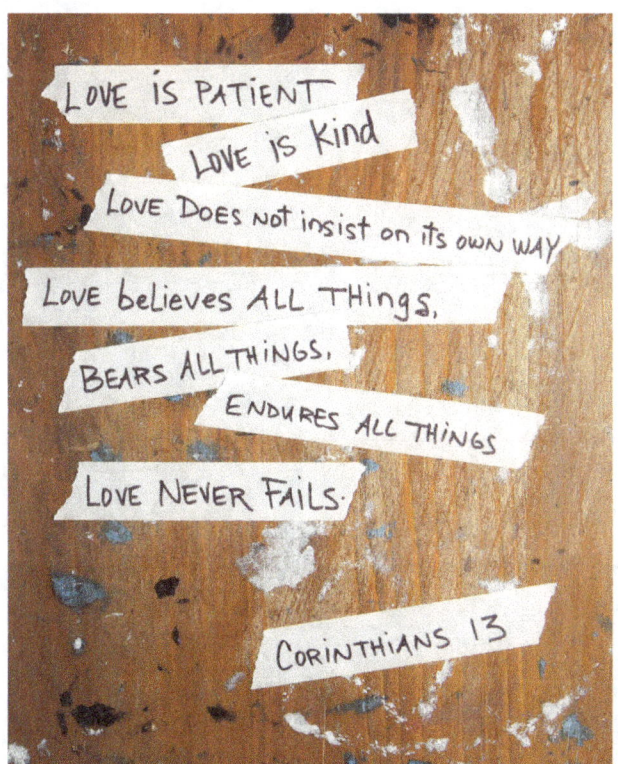

Wie definiert die Bibel selbstlose Liebe?

- *Epheser 5:25*

- *1. Korinther 13*

Wie wirst du diesem Maß an Reife gerecht?

Keiner ist perfekt und das hier ist ein wirklich hoher Standard. Nimm die Herausforderung an - beginne anders zu denken.

„Du kannst nicht egoistisch UND verheiratet sein."

-unbekannt-

#lifeforsingles

Einheit 7 — Das Dating-Spiel

Leben! für Singles

BIST DU GEISTLICH REIF?

Es geht nicht einfach darum, ob du deine Bibel kennst und Bibelverse zitieren kannst. Geistliche Reife bedeutet auch, es zu leben! Das ist für uns alle eine lebenslange Herausforderung, jedoch gibt es einige wichtige Prinzipien, nach denen wir greifen sollten. Geistlich reif sein bedeutet, gehorsam gegenüber dem sein, was Gott möchte.

Bist du bereit, dich seinem Willen für dein Leben zu unterwerfen und anzuerkennen, dass er alle Antworten kennt, du jedoch nicht?

Hast du in deinem Leben geistliche Disziplin eingeführt?

Hast du gegenüber Autoritätspersonen eine gute Haltung?

Stimmt deine Haltung, wenn du andere leitest? Mit Liebe und Fürsorge leiten.

Leiterschaft und Dienerschaft sind gleichzusetzen. Hast du eine gute Haltung, wenn du dienst?

○ *Markiere alle Bereiche, in denen du dem richtigen Reifelevel nicht gerecht wirst. Sei nicht entmutigt!*

▶ *Bitte Gott, dir zu helfen, in diesen Bereichen zu wachsen.*

Welcher Bereich benötigt die meiste Veränderung?

GALATER 6:9

Lasst uns aber im Gutestun nicht müde werden; denn zu seiner Zeit werden wir auch ernten, wenn wir nicht ermatten.

Lass uns annehmen, dass du reif genug bist, um eine Beziehung zu beginnen. Du hast jemanden gefunden, mit dessen Charakter du glücklich bist und mit dem du gerne in einer Beziehung wärst. Was würde als Nächstes kommen?

Leben! für Singles

PHASE 2

WENDE DICH AN DEN VATER

> Wichtig: Betrachte diesen Abschnitt zuerst von seiner kulturellen Perspektive. Ermögliche es den Teilnehmern zu begreifen, dass wenn Gott die Ehe kreiert hat, dann hat er auch das beste Verständnis dafür, wie Beziehungen am besten funktionieren. Beachte den kulturellen Hintergrund!

Was gilt in deiner Kultur als normal?

Es gibt Bücher, die ausführlich beschreiben, wie man jemanden umwirbt. Unsere Intention ist es nicht, darüber eine detaillierte Studie zu betreiben, sondern einfach nur anzumerken, dass es für manche selbstverständlich ist, den Vater um Erlaubnis zu bitten, jemanden daten zu dürfen. Für andere ist dies ein so fremdes Konzept, dass sie vor dieser Idee komplett zurückschrecken.

Selbst wenn es kulturell nicht die Norm ist, den Vater zu fragen, gibt es zwei Fragen, die nützlich sein könnten, um zu beurteilen, ob jemand über „Dating-Qualifikationen" verfügt.
Für den Mann: Wertschätze ich die Frau genügend, um ihren Vater um seinen Segen zu bitten?
Für die Frau: Würde ich mich für diesen Mann freuen, wenn er meinen Vater kennenlernt und ihn um seinen Segen bittet?
Falls die Antwort „Auf gar keinen Fall" lautet, warum ist das so?

Unterschiedliche Kulturen erachten unterschiedliche Dinge als wertvoll. Manche Gesellschaften fördern Selbstständigkeit, manche gegenseitige Abhängigkeit. Deine familiären Erfahrungen wirken sich auch auf deine Sichtweise aus. Falls du verwirrt bist, was deine Familienkultur ist, schau dir kurz dein Zuhause an.

- Unabhängig – benutzen den Raum um sie herum, um ihren Individualismus zu zeigen

- gegenseitige Abhängigkeit – benutzen den Raum um sie herum, um ihre Gruppenzugehörigkeit zu zeigen

Kritisiere andere Kulturen nicht und vergleiche deine kulturellen Werte nicht mit anderen Kulturen. Es ist wichtig, dass wir stattdessen wieder auf das schauen, was Gottes Absicht ist.

Gott hat uns in eine Familie platziert, einer Kultur der gegenseitigen Abhängigkeit, sodass diese Familie ein Segen für uns sein kann. Wir haben einen Feind, der hart dafür gearbeitet hat, die Familie zu untergraben und das, was ein Segen sein sollte, zu einem Fluch zu machen. Viele haben keine Eltern, die nach Gottes Willen leben und die sie daher nicht nach geistlichem Input fragen können. Wenn du in solch einer Situation bist, dann suche dir jemanden, den du respektierst und den du um Rat fragen kannst.

In der Quizshow „Wer wird Millionär" gibt es drei Rettungsleinen, falls ein Kandidat Rat benötigt. Er kann:

- die 50% 50% Option nehmen. Diese Option entfernt einige der gegebenen Möglichkeiten und reduziert so das Risiko beim Treffen der Entscheidung.

- das Publikum fragen. Dies gibt dem Kandidaten die Möglichkeit, die landläufige Meinung zu erfahren und die Perspektive einiger anderer zu erhalten.

- einen Freund anrufen. Der Kandidat entscheidet sich normalerweise für einen Freund oder jemanden aus der Familie, dessen Weisheit er schätzt.

In einer Quizshow bitten Leute gerne um Hilfe, wenn es darum geht, Entscheidungen zu treffen. Jedoch wenn es um das Thema Beziehungen geht, wählen sie den Alleingang. Unser Unabhängigkeitsdenken kann im Bereich Beziehungen jedoch schädlich sein. Geduldig sein reduziert schon einige Risiken, wenn es darum geht, jemanden für eine Beziehung auszuwählen. Es ist jedoch immer gut, wenn wir auf den Rat von Freunden oder Familie, die wir respektieren, hören. Es lohnt sich auch, deinen Pastor oder Mentor nach seiner Perspektive zu fragen.

#lifeforsingles

Wir alle haben unsere blinden Flecke, und es ist wichtig zu schauen, ob es Dinge gibt, bei denen wir Scheuklappen auf haben. Vielleicht ist es etwas in unserem eigenen Leben oder im Leben der Person, an der wir interessiert sind.

Ein großer Bereich der Rolle eines Vaters ist, seinen Kindern Segen zu bringen. Gott hat diesen Prozess vorgelebt. Im Alten Testament können wir viele Beispiele sehen, wo er über seinem Volk Segen ausgesprochen hat. Segen war ein normaler Bestandteil des Lebens. Wenn der Vater die Beziehung geistlich segnet, dann bringt der Segen die Beziehung in Schwung. Gott möchte, dass du und deine Beziehung gesegnet seid, und indem du nach seinem Willen lebst, lebst du in seinem Segen.

Lies 1. Mose 12:1-3. Was denkst du über den Segensprozess?

> Zusätzliche Frage: Wie ist deine Beziehung zu deinem Vater? Würdest du seinem Urteil zum Thema Beziehung vertrauen? Wenn dein Vater nicht Teil deines Lebens ist, gibt es jemanden, den du respektierst und der diese Rolle in deinem Leben einnehmen könnte?

Für gewöhnlich gibt es zwei Extreme: Eltern treffen Entscheidungen, ohne ihre Kinder zu konsultieren oder Kinder treffen Entscheidungen, ohne ihre Eltern zu konsultieren.

Vielleicht sollte es einen Mittelweg geben, eine Balance zwischen den beiden Möglichkeiten. Egal, wie alt du bist, eine alternative Perspektive ist oft hilfreich. Sprüche 15:22: Wo keine Beratung ist, da scheitern Pläne; wo aber viele Ratgeber sind, da kommen sie zustande.

Für diejenigen, die eine negative Beziehung zu ihrem Vater hatten, bedeutet die Autorität des Vaters etwas, das in ihrem Herzen Panik auslöst. Dies ist vielleicht so, weil der Vater keine gottgefällige Liebe zeigte und seiner Rolle als Beschützer nicht gerecht wurde. Eine verzerrte Sicht auf Vaterschaft bedeutet, dass wir gegen Gottes Plan rebellieren. Wenn das deine Erfahrung ist, dann ist es für dich lebensnotwendig, herauszufinden, wer Gott wirklich ist und wie sehr er dich liebt. Vielleicht hast du in deinem Leben eine andere Vaterfigur, der du vertrauen kannst, die du um Hilfe bitten kannst und die dich segnen kann, wenn du Phase 3 in Angriff nimmst.

PHASE 3

Date mit Intentionen. Ob du es nun Umwerben oder Dating mit Intentionen nennst, du beginnst eine neue und aufregende Phase auf deiner Lebensreise. Sei nicht versucht, diese Phase zu überstürzen; es gibt immer noch viele Dinge, die ihr über einander lernen müsst.

- Setzt sensible Grenzen, die euch helfen, eine klare Beziehung aufrechtzuerhalten.
- Fangt nicht jetzt schon an, die Hochzeit zu planen; das ist überstürzt!
- Nehmt euch Zeit, die Gesellschaft des anderen zu genießen.
- Seid offen und echt miteinander.
- Achtet auf Warnsignale.
- Stelle sicher, dass du Warnsignale und große Charakterschwächen nicht ignorierst.
- Fühle dich nicht gefangen.

Manchmal denkst du, du musst dafür sorgen, dass die Beziehung funktioniert, weil du sie mit Intentionen begonnen hast. Fühle dich deswegen nicht in der Beziehung gefangen!

Leben! für Singles

Laut Statistiken haben die meisten Christen 5 ernsthafte Beziehungen, bevor sie sich verheiraten. Wenn zwei Menschen vom jeweils anderen Geschlecht in einer Beziehung zusammenkommen (wo ihr Verstand, Wille und Emotionen involviert sind), entsteht eine Seelenbindung. Die Bibel benutzt nicht das Wort Seelenbindung, spricht jedoch von Seelen, die „miteinander verknüpft" werden. Das bedeutet, ein Teil von dir wird mit der anderen Person verlinkt oder befestigt, selbst wenn eure Beziehung strikt nur auf einem emotionalen Level war. Diese Beziehungen werden die Art und Weise beeinflussen, wie du deinen zukünftigen Partner betrachtest.

In der heutigen Gesellschaft lassen Menschen sich häufig auf der körperlichen Ebene mit Menschen ein und denken, dass ihnen die sexuelle Erfahrung für spätere Beziehungen von Vorteil sein wird. Jedoch ist genau das Gegenteil der Fall. Die Bibel spricht von der Seelenbindung zwischen Ehemann und Ehefrau als „ein Fleisch", eine Bindung, die unglaublich stark ist (Epheser 5:31).

In der Lektion „Die Realität der Sexualität" werden einige der Probleme thematisiert, die mit Grenzen in Beziehungen zu tun haben. Hier ist es uns erstmal nur wichtig zu erwähnen, dass die Einstellung der Gesellschaft zu Dating als Freizeitvergnügen, verschwommene Grenzen, was das Körperliche angeht, und dass manche dies als Freiheit verfechten, tatsächlich dazu führt, dass man sich verheddert und verfängt. Zukünftige Beziehungen werden wahrer Intimität beraubt, da die Kraft von Seelenbindungen nicht begriffen wird.

1. KORINTHER 6:16

Oder wisst ihr nicht, dass wer einer Hure anhängt, ein Leib mit ihr ist? „Denn es werden" heißt es, „die zwei ein Fleisch sein."

Buntes Papier-Beispiel

Biochemisch läuft Folgendes ab: Wenn wir in einer Beziehung mit jemandem sind, wird das Hormon Oxytocin freigesetzt, das eine langlebige Bindung formt. Die gute Nachricht ist, du kannst Gott bitten, dir zu vergeben, dass du leichtfertig mit Beziehungen umgegangen bist, dass er die Seelenbindung bricht und dir wiederherstellt, was du hergegeben hast. Das bedeutet nicht, dass du deine Jungfräulichkeit wiederbekommst, sondern es bedeutet, du wirst geistlich wieder rein.

Wenn eine Beziehung körperlich wird (egal zu welchem Maß), wird es, wenn du beim anderen Charakterprobleme entdeckst, mit denen du Probleme hättest zu leben, noch schwieriger sein, sie zu beenden. Auch wenn wir riskieren, damit zu nerven…es ist es uns wert, nochmals zu betonen: Versuche jemanden außerhalb einer romantischen Beziehung kennenzulernen, damit du so erkennen kannst, ob er die richtige Person für eine Beziehung ist.

Wenn du in einer Beziehung bist, dann setze vernünftige Grenzen!

Was, denkst du, sind gute körperliche Grenzen, wenn es ums Dating geht?

Einheit 7 — Das Dating-Spiel

Leben! für Singles

Viele Singles sehen, in welcher Verfassung Ehen heutzutage sind, und fragen sich, ob es Hoffnung gibt. Sie fragen sich, wie sie sicher sein können, dass ihre Ehe funktioniert, wenn so viele in einem Desaster enden. Es ist wichtig, sich zu erinnern, dass die Vorbereitung auf eine Ehe genauso wichtig ist wie das, was man in einer Ehe tut. Diese Angelegenheiten jetzt an Gott zu adressieren, ist eine wichtige Investition in deine Ehe.

Dear God,

ich möchte deinem Plan für Beziehungen folgen. Vergib mir für die Male, bei denen ich von deinem Kurs abgewichen bin. Ich möchte mit Intentionen daten und nicht zum Vergnügen. Bitte gib mir Weisheit, wenn ich durch diese Phase meines Lebens navigiere. Vater, ich bitte um deine Leitung und Wegweisung. Hilf mir, der Richtige zu werden und den Richtigen auszuwählen. Hilf mir, mich in Ehre und Rechtschaffenheit zu verhalten.

In Jesu Namen, Amen.

Einheit 7 — Das Dating-Spiel

Woche 8: Die Realität der Sexualität

Leben! für Singles

Ziel dieser Einheit:

Die Notwendigkeit erkennen, stabile Grenzen zu schaffen.

Verstehen, dass diese Grenzen geistlich, emotional und körperlich sein müssen, um fest und stark sein zu können.

Gott im sexuellen Bereich auf den Thron setzen.

Über Ehre und Charakter lernen.

Den Unterschied zwischen Liebe und Lust identifizieren.

Bewusst Reinheit etablieren.

Benötigte Utensilien / Notizen zur Planung:

Gebetsfokus:

Bete, dass Gott seine Wahrheit in Bezug auf seinen Plan zu Sexualität offenbart.

Bete für diejenigen, deren Grenzen schwach und gebrochen sind, dass sie Buße tun und Gottes Vergebung empfangen.

Bete, dass diejenigen, die mit Abhängigkeiten zu tun haben, freigesetzt werden.

Notizen der Gebetszeit:

Mögliche Probleme:

Manche Teilnehmer denken vielleicht, dass Gottes Grenzen altmodisch oder veraltet sind. Andere begreifen vielleicht diese Grenzen, haben aber Probleme, sich selbst und anderen zu vergeben.

#lifeforsingles

Leben! für Singles
Die Realität der Sexualität

Eine Frage, die viele Singles stellen, ist: „Wie weit ist zu weit?" Diese Frage zeigt unser menschliches Bedürfnis nach Grenzen oder Limits in unserem Leben. Diese Frage zeigt auch, dass es tatsächlich eine Linie gibt, die wir übertreten können, und wo wir dann zu weit gegangen sind.

Es ist einfach, kulturelle Standards, die nicht biblisch sind, zu übernehmen. Wir werden täglich von den Medien und unserer Peer-Group von Bildern und Nachrichten bombardiert. In christlichen Kreisen hingegen ist das Thema der eigenen Sexualität meistens immer noch tabu. Es ist Zeit, unsere „Scheuklappen"-Bildung zur Seite zu stellen und die Realität unserer Sexualität herauszufinden.

Was ist die persönliche Einstellung des Teilnehmers, wenn er eine Grenze setzt?
- Einen sicheren Abstand von Klippenrändern wahren?
- Nach Möglichkeit alles bis zu diesem Limit richtig machen?
- Es sofort als Herausforderung sehen, über diese Linie zu treten?

Autos steuern normalerweise nicht mit Höchstgeschwindigkeit auf eine Barriere zu. Missbrauche nicht deine Grenzlinien!

Grenzen sollten in sicherer Entfernung aufgestellt werden.

Wenn der Teilnehmer eine Grenze gesetzt hat, wird er, abhängig von seiner persönlichen Einstellung, einen Sicherheitsabstand festlegen.

Betone, wie wichtig es ist, die eigenen Schwächen zu begreifen und an ihrer Minimierung zu arbeiten.

KÖRPERLICHE GRENZEN

In dem Buch „Boundaries in Dating"[7] (Grenzen beim Dating) wird eine Sache deutlich gemacht. Alle Beziehungen brauchen gute Grenzen! Eine Grenze zeigt einen Rand oder ein Limit an. In unserem Leben ist es wichtig, dass wir gesunde Grenzen haben, was auch den Bereich der Sexualität beinhaltet. Diese Grenze definiert, wie weit du andere gehen lässt und wie weit du dich selber gehen lässt. Obwohl wir vielleicht negative Assoziationen mit dem Wort haben, Grenzen sind zu unserem eigenen Schutz da. Selbst wenn wir aus unserer Kindheit Grenzen übernommen haben, sind wir verantwortlich dafür, sie zu etablieren und beizubehalten.

Vergangene Erfahrungen können unsere Parameter verwirren oder beschädigen. Manche haben zerbrochene Beziehungsgrenzen, andere haben überhaupt keine Grenzen. Zerbrochene Grenzen bewirken Schuld und Scham…während nichtexistente Grenzen zu unangemessenen oder verletzenden Beziehungen führen.

 Wirf einen Blick auf deine Grenzen. Hast du irgendwelche Parameter, die ungesund sind?

Dies ist vielleicht eine schwer zu beantwortende Frage. Wenn Menschen sich selbst mit der Gesellschaft um sie herum vergleichen, dann sehen ihre Grenzen möglicherweise gut aus. Zwei Aspekte:
1. Haben sie ihre eigenen Grenzen verletzt?
2. Haben sie Gottes Grenzen verletzt?

[7] Dr. Henry Cloud & Dr John Townsend

www.lifeforsingles.com

Um gesunde sexuelle Grenzen etablieren und aufrechterhalten zu können, müssen zwei weitere Grenzen an ihrem Platz sein: emotionale Grenzen und geistliche Grenzen.

EMOTIONALE GRENZEN

Eine emotionale Grenze definiert die Tiefe der Beziehung. Dies beinhaltet, wie offen du betreffs deiner wahren Gefühle bist, und dass du dem anderen, was deine Vergangenheit und deine Gegenwart betrifft, vertraust. Manchmal erlauben wir jemandem, noch bevor sein wahrer Charakter sichtbar ist, sehr schnell sehr nah an uns heranzukommen. Andererseits kann es sein, dass unsere emotionalen Grenzen jemanden davon abhalten, uns nahezukommen, da wir Angst vor Verletzung haben und daher diese Grenzen sehr hoch gebaut sind.

Manchmal sind unsere emotionalen Grenzen nicht an der gleichen Stelle wie unsere körperlichen Grenzen. Manche Menschen versuchen händeringend, ihre körperlichen Grenzen an Ort und Stelle zu halten, während sie ihren Gedanken erlauben, weit über die Grenze zu treten. Es ist wichtig, deine Gedanken zu steuern, damit deine emotionalen Grenzen in Sicherheit bleiben.

> SPRÜCHE 4:23
> Mehr als alles andere behüte dein Herz, denn von ihm geht das Leben aus.

DEIN KÖRPER WIRD DEINEN GEDANKEN FOLGEN...

Lass uns annehmen, dass eine körperliche Grenze gesetzt wurde. Diese Grenze ist „kein Sex vor der Ehe". Beziehungen, die nicht in eine Ehe führen, treffen sofort auf eine Straßenbarriere, die entschieden sagt, dass es da eine Linie gibt, die nicht überschritten werden kann. Eine emotionale Grenze kann die körperliche Grenze an Ort und Stelle halten, bis die Beziehung die entsprechende Tiefe erreicht hat. Aber was ist, wenn du merkst, dass du diese Person liebst und die Beziehung zwangsläufig in die Ehe führen wird? Viele Paare sind genau in diese Falle getappt und hatten vor der Hochzeit Sex, da sie sich versprochen hatten zu heiraten.

> „Du kannst nicht verhindern, dass die Vögel über deinem Kopf fliegen. Aber du kannst verhindern, dass sie auf deinem Kopf landen und dort ein Nest bauen." Martin Luther
> Es ist wichtig, dass wir uns selbst trainieren, nicht mit sexuellen Gedanken zu „spielen".

GEISTLICHE GRENZEN

Die geistliche Grenze ist die Grenze, die den anderen beiden Grenzen Stärke verleiht. Alleine sind die emotionalen und körperlichen Grenzen nicht ausreichend. Wenn wir Gott zum Herrn über unser Leben machen, dann gibt uns das die Kraft, auf einem höheren Standard leben zu können und unsere Grenzen einzuhalten.

> Was ist der Unterschied zwischen „Gott in unser Leben involvieren" und „Gott zu unserem Herrn machen"?

Einheit 8 — Realität der Sexualität

Leben! für Singles

Wer sitzt bei dir auf dem Thron?

Die Sonntagsschulantwort ist, das wissen wir, Gott - aber oft regieren in der Realität wir selbst. Wenn wir selbst die Verantwortung haben, dann haben wir die Tendenz, Grenzen so zu setzen, wie unsere Gefühle es uns gerade sagen. Wenn Gott die Verantwortung hat, bleiben seine Grenzen fest. Als Jesus nach dem größten Gebot gefragt wurde, gab er folgende Antwort:

> Also, warum ist es so wichtig zu verstehen, wer auf dem Thron unseres Lebens ist? Wenn wir auf dem Thron sitzen, dann werden wir einfach das tun, was sich für uns gut anfühlt. Wenn Gott auf dem Thron ist, wird unser Herz gehorchen müssen.

MATTHÄUS 22:37-39

Jesus antwortete: Du sollst den Herrn, deinen Gott, lieben mit deinem ganzen Herzen und mit deiner ganzen Seele und mit deinem ganzen Denken. Das ist das erste und größte Gebot. Das zweite ist ihm vergleichbar: Du sollst deinen Nächsten lieben wie dich selbst.

Jesus hat uns gesagt, dass wir diesen beiden Dingen die höchste Priorität geben sollen. Liebe Gott und liebe deine Mitmenschen. Wenn wir diesen Geboten folgen, dann halten wir uns selbst davon ab, auf dem Thron zu sitzen, und erlauben Gott, zu regieren. Unsere Reaktionen anderen gegenüber werden darauf gerichtet sein, was für sie und nicht für uns am besten ist. Unsere Beziehung zu Gott wird definieren, wie unsere Beziehung zu anderen ist. Sie wird uns anleiten, wie wir mit anderen interagieren, was wir anderen tun und was wir ihnen erlauben, uns zu tun.

> Manchmal verwässern wir Gottes Wort, indem wir Ausreden für unser Verhalten vortragen. Wir sagen „Gott kennt ja unser Herz", aber Gott möchte, dass wir ein Leben der Gehorsamkeit führen.

JOHANNES 14:23-24

Jesus antwortete: Wenn jemand mich liebt, so wird er mein Wort befolgen, und mein Vater wird ihn lieben, und wir werden zu ihm kommen und Wohnung bei ihm machen. Wer mich nicht liebt, der befolgt meine Worte nicht; und das Wort, das ihr hört, ist nicht mein, sondern des Vaters, der mich gesandt hat.

> Wie sieht es bei dir aus mit „Gott lieben" und „deine Mitmenschen lieben"?

Manchmal denken wir, dass wir nach biblischen Prinzipien leben, aber unsere Gedanken gleichen eher Verkehrskegeln aus Plastik…die Regeln werden einfach neu verhandelt und bewegt. Die ursprünglichen Verkehrskegel, die 1914 konstruiert wurden, waren aus Zement - damit konnte man nicht so einfach herumspielen. Gottes Gebote sind auch aus Zement, sie sind nicht biegsam, egal wie der kulturelle Hintergrund ist.

Jesus sagt, ein wahres Zeichen der Liebe zu ihm ist, wenn wir bereit sind, seiner Lehre zu gehorchen. Wenn diese Dinge nicht fest in deinem geistlichen Glauben verankert sind, dann wirst du deine körperlichen und emotionalen Grenzen verletzen. Wir müssen verstehen, dass Gott Grenzen aufstellt, weil er uns liebt und das Beste für uns will. Wenn du das Bedürfnis hast, Grenzen zu verschieben oder auszutesten, ob sie wirklich da sind, dann prüfe dein Herz, und bitte Gott, dir zu helfen, ihn so zu lieben, dass du seiner Führung unerschütterlich folgen willst.

Einheit 8 — Realität der Sexualität

Leben! für Singles

Gott möchte, dass wir ein selbstdiszipliniertes Leben führen. In der Realität sieht es so aus, dass wir in einer Welt leben, die uns mit ungöttlichen Bildern und Versuchungen bombardiert. Diese Welt wird sich nicht verändern, wenn du heiratest. Ehe ist nicht die Antwort auf Versuchungen, mit denen du während des Singledaseins zu kämpfen hast. Es ist lebenswichtig zu lernen, wie man innerhalb von Gottes Grenzen und unter seinem Schirm des Schutzes leben kann, ganz egal welchen Beziehungsstatus man hat.

NACHDENKPAUSE

Wie benutzt du einen Regenschirm?

> Das scheint eine offensichtliche Frage zu sein, aber oft denken Menschen nicht darüber nach, wie sie mit Grenzen umgehen sollten. Sie ignorieren unverhohlen den Zweck von Grenzen, indem sie nicht richtig damit umgehen.

LEBEN UNTER DEM REGENSCHIRM

Hier sind einige simple Fakten, die betrachtet werden sollten:

Wenn du den Regenschirm nicht öffnest, dann wirst du nass.

- Oft hat das Wort Gottes klare Leitlinien, nach denen wir leben sollen, aber wir leben in Ignoranz, da wir sein Wort nicht kennen.

Wenn du deinen Kopf so nah wie möglich an den Rand des Regenschirms hältst, dann wirst du wahrscheinlich nass.

- Es macht keinen Sinn, Gottes Grenzen zu erforschen, um sie dann so weit wie möglich auszureizen und so nah wie möglich an der Kante zu leben.

Wenn du den Regenschirm mittig hältst, wirst du geschützt sein.

- Halte Gott als zentralen Fokus in deinem Leben. Wenn wir uns mehr auf Gott konzentrieren als auf das Physische, dann ist es weniger wahrscheinlich, dass wir die Grenzen verletzen.

Wir sind zu Reinheit berufen, nicht zu Kompromissen!

> Fragen zu Grenzen sind vorprogrammiert. Bevor die Teilnehmer über Grenzen entscheiden können, müssen sie den Unterschied zwischen „ihre Reinheit bewahren" und „ihre Jungfräulichkeit bewahren" verstehen. Reinheit bedeutet unschuldig, fehlerlos, unberührt und frei von Schuld zu sein. Es gibt viele Grenzen-Tipps z.B.: Berühre nichts in der Bikini-Zone oder spiele nicht mit dem Feuer. Das Hilfreichste, das wir gehört haben, ist: Tue nichts, das zu Erregung führt!

Reinheit bedeutet nicht für jeden das Gleiche. Einige Leute glauben, dass rein zu bleiben einfach nur bedeutet, ihre Jungfräulichkeit intakt zu halten; aber Reinheit ist viel mehr als das! Was du über Reinheit denkst, wird beeinflussen, wo du deine Grenzen ziehst. Gott möchte, dass du in der Lage bist, deinem Ehepartner in der Ehe alles zu geben. Sex ist nicht nur sein Hochzeitsgeschenk an dich, sondern auch an deinen Ehepartner. Dieses Geschenk wurde für das gemeinsame Öffnen und Genießen designt. Du würdest doch im Traum nicht daran denken, jemandem eine geöffnete und halb gegessene Tafel Schokolade zu schenken, oder? Denke daran, dass die Entscheidungen, die du in diesem Bereich triffst, nicht nur dich beeinflussen!

#lifeforsingles

SICH MIT EHRE UND CHARAKTER VERHALTEN

Es gab einmal einen Ehrencodex in unserer Gesellschaft - leider fehlt der heute. Zu biblischen Zeiten hatten die Menschen eine gesellschaftliche Verantwortung; wenn sie dieser nicht gerecht wurden, hatten ihre Taten Konsequenzen.

> Der Brautpreis ist Geld, das ein Mann der Familie der Braut zahlt. Die Mitgift bezieht sich auf Geld oder Habseligkeiten, die die Braut mit in die Ehe bringt.

2. Mose 22:15-16

Wenn ein Mann eine Jungfrau verführt, die noch nicht verlobt ist, und er liegt bei ihr, so muss er sie sich durch Bezahlen des Brautpreises zur Ehefrau nehmen. Will aber ihr Vater sie ihm überhaupt nicht geben, so soll er ihm so viel bezahlen, wie der Brautpreis für eine Jungfrau beträgt.

Warum hat Gott dieses Gebot aufgestellt?

> Manche würden sich vielleicht wie eine verschmähte Frau fühlen, die wie ein Stück Eigentum ist, das gekauft und bezahlt wird. Feministinnen fühlen sich von dem Gedanken vielleicht beleidigt. Lenke die Diskussion auf Gottes wahre Absicht.

Gott wollte verfestigen, dass Jungfräulichkeit ein Schatz ist, etwas, das er als Geschenk für die Ehe gedacht hat. Er wollte nicht, dass es weggeworfen und als etwas Billiges betrachtet wird.

Es ist noch gar nicht so lange her, da beging ein Mann die ehrenvolle Tat und heiratete die Frau, mit der er zusammen war, wenn sein Verhalten auch nur den Hauch eines Zweifels an ihrem Charakter entstehen ließ. Heute scheinen diese Werte veraltet, und Menschen schätzen Eroberung mehr als Schutz.

> Zeitgenössische Dramen sind ein gutes Beispiel für die Veränderungen im Laufe der Zeit.

Heutzutage wird offensichtlich nicht mehr mit einem Pistolenduell bei Sonnenuntergang um die Ehre gekämpft. Wie kannst du in deinem persönlichen Leben für Ehre kämpfen?

Um wirklich den Wert zu verstehen, den Gott in Reinheit gelegt hat, müssen wir etwas über das rechtsbindende Versprechen verstehen.

Wenn Menschen in den Bund der Ehe treten, dann unterschreiben sie nicht einfach nur ein Blatt Papier, das sie an einen Vertrag bindet. Sie begeben sich in etwas, das Gott einen rechtsbindenden Vertrag nennt. In der Bibel gibt es viele Beispiele, die beschreiben, wie so ein rechtsbindender Vertrag funktioniert. Es gibt sogar einige Kulturen, die dieses Konzept verstanden haben. Leider haben viele Kulturen kein Verständnis für die Tiefe des Versprechens, das in solch einem Vertrag steckt, sodass sie einen Ehevertrag leichtfertig brechen. Aus dem selben Grund unterschätzen sie die Reinheit vor der Ehe.

Wenn wir heute immer noch die gleichen Standards wie früher hätten, wie würde Dating heutzutage dann aussehen?

Leben! für Singles

LIEBE UND LUST

Heutzutage werden diese Begriffe oft untereinander austauschbar verwendet, obwohl ihre Bedeutung sehr verschieden ist. Oberflächlich betrachtet sehen wir vielleicht keinen großen Unterschied, jedoch handelt es sich um zwei diametral entgegengesetzte Konzepte. Während Liebe es nicht erwarten kann zu geben, kann Lust es nicht erwarten zu bekommen. Liebe kümmert sich um die Bedürfnisse anderer, Lust ist selbstsüchtig. Lust hat Unterströmungen, die uns mehr und mehr von Gott weg- und in gefährliche Wasser hineinziehen.

Manchmal können wir in ein falsches Gefühl von Sicherheit eingelullt sein, indem wir darauf achten, dass unsere Taten rein sind. Es kommt jedoch auf unsere Gedanken an! Jesus legte diese Theorie in Matthäus 5:28 offen: „Ich aber sage euch: Wer eine Frau ansieht, um sie zu begehren, der hat in seinem Herzen schon Ehebruch begangen." Jesus setzt einen sehr hohen Standard: Wir haben nicht nur die Verantwortung, unserem Tun Grenzen zu setzen, sondern sind auch für das verantwortlich, was wir an Gedanken zulassen.

GESCHLECHTERGETRENNTE DISKUSSION!

| Überlege dir, wann du die Gruppe wieder zusammenbringst. Die Leiter der Gruppen sollten sich über die jeweilige Zusammenfassung der Antworten der Gruppendiskussion miteinander austauschen. |

Was regt eher Lust als Liebe an?

1. Kleidung

Zeitgenössische Filme sind eine gute Illustration für die Veränderung über die Zeit.
- Wie denken Jungs über die Anziehweise der Mädchen? Wie denken Mädchen da über Jungs?
- Haben Mädchen eine Verantwortung, sich anständig anzuziehen oder haben Jungs da einfach nur ein Problem?
- Welche Art von Kleidung ist unangebracht?
- Was macht es mit Jungs, wenn sie optisch stimuliert werden?
- Welche Art von Aufmerksamkeit bekommst du, wenn du dich auf diese Weise anziehst?
- Welcher Typ von Person findet dich dann attraktiv?
- Auf was ermutigst du zu schauen?
- Was sagen Jungs über Mädchen, die sich unanständig anziehen?

2. Flirten
- Nähe, Liebelei ohne Intentionen, sexuelle Kommentare oder Andeutungen, Sinnlichkeit

3. Berührungen
- Welche Signale sendest du?

4. Sprache
- Worüber redest du mit Freunden?
- Wie redest du mit Freunden über das andere Geschlecht? Respektvoll, oder?

5. Medien
- Pornographie, Filme und auf was wir sonst so beim Surfen im Internet stoßen

#lifeforsingles

Leben! für Singles

PORNOGRAPHIE

Pornographie wird oft als „Suchtmittelmissbrauch" bezeichnet. In den USA alleine gibt es 60 Millionen Abhängige. Der Pornographie ausgesetzt sein, fängt sehr früh an, besonders mit der Möglichkeit auf das Internet zugreifen zu können. 80% der 15-17 Jährigen sind schon mit hardcore Pornographie in Kontakt gekommen. Pornographie fängt im Leben als Single an, verschwindet jedoch nicht einfach in der Ehe. Pornographie ist keine kurzfristige Lösung, es ist eine gefährliche Falle! Menschen, die als Single dies als Entlastung benutzt haben, sind dann danach süchtig, und das verursacht Eheprobleme.

Eine Internetseite, die Pornosüchtigen hilft, beschreibt Pornographie als „zugänglich, bezahlbar, anonym, aggressiv". Sie geht sogar so weit zu sagen: „Pornographie strebt an, die Wahrheit zu verdrehen und die natürliche Attraktivität zu imitieren und zu verfälschen. Ihr Ziel ist es, den natürlichen Drang zu entzünden, zu erregen und auszubeuten." Eine hilfreiche Website ist: http://www.fightthenewdrug.org/

Während dem sexuellen Vorgang beginnt das Gehirn seinen Fokus zu begrenzen und setzt eine Flutwelle an Endorphinen und anderen neurochemischen Substanzen frei (z.B.: Dopamin, Noradrenalin, Oxytocin und Serotonin). Diese „natürlichen" Drogen erzeugen einen unglaublichen Gefühlsansturm oder ein enormes Gefühlshoch. Wenn diese Substanzen während gesunder Intimität freigesetzt werden, sprechen wir, auf Grund ihrer unzähligen positiven Vorteile, die sie zwischen Ehemann und Ehefrau hervorbringen, von ihnen als „die fabelhaften Vier". Wenn diese Substanzen während dem Konsum von Pornographie und anderem sexuellen Suchtverhalten freigesetzt werden, nennen wir sie, auf Grund der schweren Abhängigkeit und anderen negativen Konsequenzen, die sie im Gehirn und Nervensystem hervorrufen, „die fürchterlichen Vier".

2. Petrus 2:19

Dabei verheißen sie ihnen Freiheit, obgleich sie doch selbst Sklaven des Verderbens sind; denn wovon jemand überwunden ist, dessen Sklave ist er auch geworden.

Für diejenigen, die auf diesem Gebiet Schwierigkeiten haben: es ist nicht einfach, von diesem negativen Verhalten loszukommen. Du kannst deine Gedanken mit Gottes Hilfe umtrainieren.

Philipper 4:8

Im übrigen, ihr Brüder, alles, was wahrhaftig, was ehrbar, was gerecht, was rein, was liebenswert, was wohllautend, was irgend eine Tugend oder etwas Lobenswertes ist, darauf seid bedacht.

Unteschätze nicht, wieviele Menschen mit Pornographie zu kämpfen haben. Es ist ein Problem, das sowohl Männer als auch Frauen haben. Das Fantasieren, indem man romantische Bücher oder Filme konsumiert, kann ein zusätzliches Problem sein. Die Fantasiewelt ist und bleibt...Fantasie! Viele bekommen Probleme, wenn sie realisieren, dass ihr Ehepartner nicht ihrer Fantasievorstellung entspricht.

Dies ist eine kontroverse Frage. Es wird Meinungen geben, die dafür und dagegen sind. Wir sollten uns jedoch nach dem Wort Gottes richten.

Selbstbefriedigung

Manche denken, Selbstbefriedigung ist eine gute Lösung, um Versuchung zu verhindern. Ist das so?

- Woran denkst du während der Selbstbefriedigung?
- Ist das göttlich oder ungöttlich?
- Ist das respektvoll?

Es hilft den Teilnehmern, ihre Gedanken zu beurteilen, wenn sie sich diese Fragen stellen.

- Wenn du wüsstest, dass ein Mann an deine Schwester denkt, während er sich selbstbefriedigt, wäre das für dich ok?

Einheit 8 — Realität der Sexualität

www.lifeforsingles.com

Leben! für Singles

GEZIELTE REINHEIT

Gezielte Reinheit passiert nicht einfach so; du musst sie schützen. Viele fallen in sexuelle Sünde, da sie ganz naiv denken, dass sie die Willensstärke haben, sich rein zu halten. Es gibt einige einfache logische Schlüssel, die dir helfen, deine Reinheit zu behalten und zu beschützen.

Sowie ein Ehering nicht die Kraft hat, dich vor Ehebruch zu schützen, so schützt dich auch ein Keuschheitsring bzw. -gürtel nicht vor Abwegen. Ein Ring muss das Symbol einer Herzensüberzeugung sein.

KÄMPFE NICHT...RENNE!

In 1. Mose 37-39 begegnet uns der 17-jährige Joseph zum ersten Mal. Joseph stellte sich gegen die herrschenden Erwartungen seiner Gesellschaft und entschied sich, rein zu bleiben. Von seiner Antwort auf sexuelle Sünde können wir einige wertvolle Lektionen lernen. Er blieb nicht stehen und spielte mit der Idee, er rannte und verließ die Situation so schnell er konnte. Das verwendete Wort ist „pheugo", was schnell rennen oder eilig rennen bedeutet. Joseph entschied nicht, dass er einen ausreichend starken Willen hat, um der Versuchung zu widerstehen; er wusste, dass er sich von der Versuchung entfernen muss.

Es gibt viele Umstände, in denen uns gesagt wird, wir sollen bleiben und widerstehen. Wusstest du, dass der Bereich der sexuellen Versuchung nicht zu diesen Umständen gehört? Gott weiß, dass es manche Situationen gibt, in denen es besser ist, wegzurennen und nicht zu kämpfen.

> Versichere dich, dass die Teilnehmer die Definition von Reinheit verstehen. Das Ziel ist nicht, die Ehe als „körperliche" Jungfrau einzugehen und im Vorfeld bereits alle Bereiche davor zu entdecken. Ermutige, sich nach Gott auszustrecken und zu lernen, was wahre Reinheit ist.

1. Korinther 6:18-20

Flieht die Unzucht! Jede Sünde, die ein Mensch (sonst) begeht, ist außerhalb des Leibes; wer aber Unzucht verübt, sündigt an seinem eigenen Leib. Oder wisst ihr nicht, dass euer Leib ein Tempel des in euch wohnenden Heiligen Geistes ist, den ihr von Gott empfangen habt, und dass ihr nicht euch selbst gehört? Denn ihr seid teuer erkauft; darum verherrlicht Gott in eurem Leib und in eurem Geist, die Gott gehören!

Wenn du vor sexueller Versuchung wegrennst, dann hilft dir das, etwas anderes zu jagen!

Was sollen wir, laut diesem Vers, nachjagen? Wie machen wir das?

> Es ist wichtig, dass die Teilnehmer dahin kommen, mehr als nur „mehr beten" und „mehr Bibel lesen" zu antworten. Betrachtet Bibelverse wie Jakobus 1:27: „Eine reine und makellose Frömmigkeit vor Gott, dem Vater, ist es, Waisen und Witwen in ihrer Bedrängnis zu besuchen und sich von der Welt unbefleckt zu bewahren." Du musst dein Leben mit lohnenswerten Dingen füllen. Wenn du dich auf das fokussierst, wozu Gott dich berufen hat, dann wirst du dich erfüllt fühlen und weniger Schwierigkeiten in dem Bereich der Versuchungen haben.

2. Timotheus 2:22

So fliehe nun die jugendlichen Lüste, jage aber der Gerechtigkeit, dem Glauben, der Liebe, dem Frieden nach, zusammen mit denen, die den Herrn mit reinem Herzen anrufen!

#lifeforsingles

Einheit 8 — Realität der Sexualität

Leben! für Singles

KOLOSSER 3:8-10

Jetzt aber legt auch ihr all das ab - Zorn, Wut, Bosheit, Lästerung, hässliche Redensarten aus eurem Mund. Lügt einander nicht an, da ihr ja den alten Menschen ausgezogen habt mit seinen Handlungen und den neuen angezogen habt, der erneuert wird zur Erkenntnis, nach dem Ebenbild dessen, der ihn geschaffen hat.

Wie ziehst du das alte Ich aus und das neue Ich an?

Betone, dass dies nicht dasselbe ist, wie einen neuen Lebensabschnitt zu beginnen oder es nur hart genug zu probieren. Als erstes müssen wir eine Beziehung mit Gott haben und um seine Vergebung bitten. Wir müssen alte Gewohnheiten loswerden…es geht aber nicht nur um das Brechen mit alten Gewohnheiten - wir müssen erneuert werden!

Single zu sein bedeutet nicht, dass sexuelle Sehnsüchte einfach per Zauberhand abgestellt werden können. Keine Möglichkeit zu haben, sexuelle Sehnsüchte auszuleben, führt zu einer Menge Frustration. Eine grundlegende Frage, die Singles haben, ist, wie sie mit diesen Sehnsüchten umgehen können, ohne dabei in sexuelle Sünde zu fallen.

NICHT DAS BEDÜRFNIS FÜTTERN

Wir können unseren sexuellen Appetit mit dem, was wir uns anschauen, lesen oder vorstellen, füttern. Manche Menschen leiden unnötig, weil sie ihr sexuelles Verlangen nicht nur wecken, sondern auch füttern.

HOHELIED 2:7

Erregt und erweckt nicht die Liebe, bis es ihr gefällt.

ZUERST SICHERHEIT

Dies ist ein guter Ratschlag, der leider oft ignoriert wird. Denke an etwas, das du tust, das in dir ein starkes Frustrationsgefühl auslöst…wenn es bewirkt, dass du dich auf etwas fokussierst, das die Grenzlinie überschreitet, dann musst du dein Verhalten an dem Punkt ändern.

Dieser Vers geht weiter, als nur zu sagen, dass Abstinenz die beste Wahl ist. Er betont, wie problematisch es ist, wenn man sexuelle Gefühle entfacht, bevor man überhaupt Entsprechendes machen kann. Viele, deren Wunsch es war, für die Ehe rein zu bleiben, sind in sexuelle Sünde gefallen, da sie nicht mit dem „Liebe schüren" gewartet haben.

HIOB 31:1

Ich hatte einen Bund geschlossen mit meinen Augen, dass ich ja nicht (begehrlich) auf eine Jungfrau gucke.

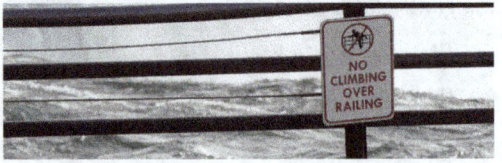

Was bedeutet es, einen Bund mit den Augen zu schließen?

Der erste Blick mag vielleicht zufällig sein, aber der zweite wird es nicht sein. Entscheide dich, diesen zweiten Blick nicht zu tun!

Leben! für Singles

> **2. Timotheus 1:7**
> Gott hat uns nicht einen Geist der Furchtsamkeit gegeben, sondern der Kraft und der Liebe und der Selbstbeherrschung.

Das Gegenteil von Kraft, Liebe und Selbstbeherrschung ist Angst. Ermutige die Teilnehmer, ihre Ängste zu identifizieren und vor Gott zu bringen.

Eine der größten Ängste, mit denen Singles zu kämpfen haben, ist die Angst vor Ablehnung. Bitte Gott, diese Angst zu überwinden.

Willst du einen Unfall vermeiden, dann halte Abstand!

Selbstbeherrschung entwickeln

Petrus schreibt: „Gott zu kennen, führt zu Selbstbeherrschung." (2. Petrus 1:5-6) Wenn du in diesem Bereich am Kämpfen bist, dann ist es Zeit, deine Beziehung zu Gott zu vertiefen. Je mehr du ihn kennst, desto weniger Probleme hast du mit gottgefälliger Disziplin in deinem Leben. Gott möchte, dass wir die Kraft haben, in jedem Lebensbereich erfolgreich zu sein, und er hat uns das nötige Werkzeug gegeben, um genau dazu in der Lage zu sein.

2. Timotheus 1:7: „Gott hat uns nicht einen Geist der Furchtsamkeit gegeben, sondern der Kraft und der Liebe und der Selbstbeherrschung."

Kolosser 3 zeigt einige sexuelle Probleme auf, mit denen Menschen Schwierigkeiten haben. Dabei gibt es einige „Giftstoffe", die nicht nur Auswirkungen auf uns haben, sondern auch auf diejenigen, die mit uns Kontakt haben. Die Bibel fordert von uns radikales Verhalten, um anderen mit unserem Leben ein Licht zu sein. Wenn wir eine gute Beziehung zu Gott haben, dann sind wir gewillt, diese schädlichen Dinge zu eliminieren.

> **Kolosser 3:5-7**
> Tötet daher eure Glieder, die auf Erden sind: Unzucht, Unreinheit, Leidenschaft, böse Lust und die Habsucht, die Götzendienst ist; um dieser Dinge willen kommt der Zorn Gottes über die Söhne des Ungehorsams.

Bist du bereit, die Dinge, die dich davon abhalten gezielt rein zu sein, zu töten bzw. ihnen komplett zu entsagen?

Wirf sie aus deinem Leben hinaus, indem du sie bekennst und um Gottes Vergebung bittest.

Einheit 8 — Realität der Sexualität

#lifeforsingles

Leben! für Singles

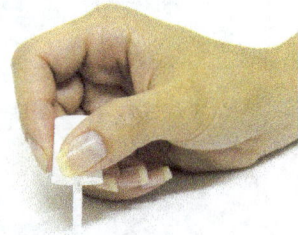

VERGEBUNG

Manchmal werden wir ausgetrickst, indem wir denken, dass es für uns keinen Weg zurück zu Gott gibt. Wir schauen auf unsere Sünden, ob das nun wir selbst sind, die wir viel zu weit gegangen sind, oder andere, die mit uns viel zu weit gegangen sind. Gott hat dafür gesorgt, dass es einen Weg zu ihm zurück gibt!

> 1. JOHANNES 2:1-2
>
> Meine Kinder, dies schreibe ich euch, damit ihr nicht sündigt! Und wenn jemand sündigt, so haben wir einen Fürsprecher bei dem Vater, Jesus Christus, den Gerechten. Er ist das Sühnopfer für unsere Sünden, aber nicht nur für die unseren, sondern auch für die ganze Welt.

Um Gottes Vergebung zu bitten, ist wichtig (jedes Mal, wenn du gegen jemanden gesündigt hast), und zusätzlich ist es wichtig, dir selbst zu vergeben.

Etwas nicht zu vergeben, hält uns gefangen.
Matthäus 18:34

Etwas nicht zu vergeben, blockiert Gottes Versprechungen.
Matthäus 5:23-24

Manchmal kämpfen wir am härtesten damit, uns selbst zu vergeben. Entscheide dich zu vergeben; dies ist ein Akt des Verstandes und nicht der Gefühle.

Wenn du dir nicht sicher bist, ob du in diesem Bereich gesündigt hast, dann sind hier ein paar Fragen, die du dir selbst stellen kannst:

1. Stört das mein Gewissen?
2. Hast du dich gefragt, ob etwas, das du gemacht hast, richtig oder falsch war?
3. Macht es süchtig?
4. Fühlst du dich von Dingen, die du gemacht hast, unrein?
5. Ist es schädlich?
6. Verleitet es jemand anderen zur Sünde?

Wenn du merkst, dass du gesündigt hast, dann bekenne es. Triff eine entschlossene Entscheidung, es nie wieder zu tun, und erfahre Gottes Reinigung und Wiederherstellung (1. Johannes 1:9).

Woche 9

Leben! für Singles
In der Zwischenzeit

ZIEL DIESER EINHEIT:

Sich mit einer der am häufigsten gestellten Frage von Singles beschäftigen: Was sollen sie machen, solange sie am Warten sind?

Singles ermutigen, nicht einfach „nur" zu warten, sondern das Leben erfüllt leben.

Reflektieren, was sie während dieses Kurses gelernt haben und was sie als Resultat jetzt zu tun haben.

Lernen, wie man mit Druck von außerhalb umgeht.

Sich ihren Ängsten stellen.

BENÖTIGTE UTENSILIEN / NOTIZEN ZUR PLANUNG:

GEBETSFOKUS:

Diejenigen, die entmutigt sind, sollen eine neue Vision bekommen und Gottes Bestimmung während des Wartens spüren.

Die Teilnehmer mögen die Bereiche identifizieren, auf die sie sich in diesem Lebensabschnitt fokussieren müssen.

NOTIZEN DER GEBETSZEIT:

MÖGLICHE PROBLEME:

Lasse nicht zu, dass die Aussage dieser Lektion durch Entmutigung und Negativität zerstört wird. Diese Lektion sollte Hoffnung und eine positive Einstellung bringen.

Einheit 9 — In der Zwischenzeit

Leben! für Singles

In der Zwischenzeit

Viele Singles stellen die Frage, was sie während dem Warten tun sollen. Es gibt keinen festgelegten Zeitpunkt, wann du deinen zukünftigen Ehepartner triffst…keinen Termin im Kalender, noch nicht einmal eine grobe Schätzung. Manchmal fühlt es sich so an, dass du noch nicht einmal nur die einzelnen Tage zählst, sondern sich alles so verlangsamt hat, dass du sogar die einzelnen Sekunden vorüberziehen siehst.

Ein wichtiges Ziel ist, dass du durch diesen Lebensabschnitt navigieren kannst, ohne konstant frustriert zu sein und ständig lauter Fragezeichen zu haben. Du kannst in deinem Geist Frieden haben.

Sich Den Fakten Stellen

Leider gibt es keine Garantie, dass du jemanden triffst, mit dem du dein Leben verbringen möchtest; Ehe ist nicht jedem versprochen. Das heißt nicht, dass dies für dich gilt, aber es heißt, dass du diese Möglichkeit einräumen musst. Um im Leben als Single erfolgreich zu sein, musst du als Ziel nicht die Ehe erreichen. Erfolgreich sein bedeutet, sein Leben gut und erfüllt zu leben.

Der Feind ist ein Dieb! Er stiehlt Freude und Zufriedenheit und ersetzt sie durch Unzufriedenheit. Wenn du deinen Blick nur auf die Ehe als Ziel richtest und diese Hoffnung bis jetzt noch nicht erfüllt wurde, dann wird es für dich schwierig sein, in deinen jetzigen Lebensumständen Zufriedenheit zu finden.

> **Johannes 10:10**
> Der Dieb kommt nur, um zu stehlen, zu töten und zu verderben; ich bin gekommen, damit sie das Leben haben und es im Überfluss haben.

 *Hat der „Dieb" Erfolg gehabt und dir Freude gestohlen?*

Viele Singles leiden auf Grund von vergangenen Enttäuschungen unter einem kranken Herzen. Eine weitere Übersetzung dieses Verses sagt „verzögerte Hoffnung macht das Herz krank". Wenn du gefühlt seit einer Ewigkeit wartest, dann ist es nicht schwer, enttäuscht zu sein oder sogar depressiv zu werden. Es ist zwar nicht falsch, davon zu träumen, eines Tages dein Leben mit jemandem zu teilen, jedoch ist es nicht gesund, diesen Traum als einzigen Fokus zu haben. Gottes Versprechen in Johannes 10:10 war nicht, dass jeder einen Ehepartner bekommt, sondern dass er ein erfülltes, überreiches und zufriedenstellendes Leben für jeden hat! Das ist sein Versprechen auch an dich!

> **Sprüche 13:12**
> Hingehaltene Hoffnung macht das Herz krank, ein erfüllter Wunsch aber ist ein Baum des Lebens.

 Kannst du damit etwas anfangen?

Einheit 9 — In der Zwischenzeit

www.lifeforsingles.com

Vergeude diese Zeit nicht! Zu warten ist nicht die einzige Bestimmung dieses Lebensabschnittes. Oft wird „in der Zwischenzeit" als „warten, bis das Leben endlich anfängt" gesehen. Dein Leben hat schon begonnen - lerne zu leben!

> *Ergreife das, was du in den letzten Wochen über dich selbst gelernt hast:*
>
> 1. *Markiere die Bereiche, in denen du Entwicklung brauchst*
> 2. *Erstelle einen Plan, wie du praktisch daran arbeiten kannst*
> 3. *Bitte im Gebet um Gottes Hilfe, wie du die Veränderungen umsetzen kannst*
> 4. *Mache den nächsten greifbaren Schritt*

Lass dich nicht dazu verleiten, die Lektionen nochmal zu unterrichten. Das Ziel ist die Reflexion, wo Gott die Teilnehmer in den letzten Wochen herausgefordert hat, und die Erstellung konkreter Pläne für Dinge, die verändert werden müssen.

Vertrauen ist etwas, das sehr attraktiv sein kann. Jedoch sollte das Vertrauen nicht von Stolz über das eigene Aussehen oder über die eigenen Fähigkeiten kommen. Tatsächlich kann die falsche Art von Vertrauen auf unsere Mitmenschen ebenso abschreckend wirken, wie Unsicherheit negativ wirken kann. Wenn unser Vertrauen jedoch von Gott kommt, dann verändert dies die Dinge gänzlich.

Wachstum ist nicht nur etwas, das wir als Kinder und Jugendliche erleben; es ist etwas, das wir unser ganzes Leben lang tun. Achte in allen drei Bereichen auf dich: körperlich gesund bleiben, Gott erlauben, an deinem Charakter zu arbeiten und geistlich wachsen.

> HEBRÄER 6:1
> Darum wollen wir die Anfangsgründe des Wortes von Christus lassen und zur vollen Reife übergehen.

Denke daran, Gott hat dich als ein aus drei Bereichen bestehendes Geschöpf geschaffen: Körper, Seele, Geist. Wenn du während der „Zwischenzeit" viel Unzufriedenheit erlebst, dann liegt dies vielleicht daran, dass deine Seele oder dein Körper lauter rufen als dein Geist. Damit du während der „Zwischenzeit" Frieden haben kannst, musst du den Punkt erreichen, wo du Gott in Bezug auf deine Zukunft vertraust. Um dieses Vertrauen zu entwickeln, ist es wichtig, Gott zu kennen, und das bedeutet nicht nur dir Zeit nehmen und mit ihm reden, sondern auch dir Zeit nehmen und auf ihn hören.

#lifeforsingles

Leben! für Singles

Zu welchen Veränderungen fordert Gott dich im Bereich der Identität heraus?

Vielleicht brauchen die Teilnehmer ein größeres Verständnis dafür, wie Gott sie und ihren Wert sieht, oder sie müssen trainieren, dass ihre Identität nicht auf dem basiert, was sie haben oder was sie können.

Was können deine nächsten konkreten Schritte sein, damit dies passieren kann?

Sei bereit, einige Vorschläge zu machen, wie z.B.: im Gebet Zeit mit Gott verbringen; täglich eine regelmäßige Andacht haben; sich auf Bibelverse konzentrieren, die von Gottes Liebe zu uns reden, damit diese Offenbarung vom Verstand ins Herz rutschen kann.

 *Warum gibt es mich?*

Warte nicht einfach nur! Drücke in deinem Leben nicht den Pauseknopf, solange du darauf wartest, die Person deiner Träume zu treffen. Gott hat dich für einen bestimmten Zweck geschaffen, und es ist wichtig, dass du dein Leben genau jetzt in vollen Zügen lebst. Du musst nicht warten, um damit zu beginnen, dein Leben für Gott zu leben. Er kennt seine Pläne für dein Leben und hat einen Plan für die „Zwischenzeit". Dies ist weder eine Zeit der Trägheit, noch eine Zeit, in der der Fokus alleine auf der Ehevorbereitung liegt. Es ist eher eine von Gott für dich bestimmte Zeit, in der du viel alleine erreichst.

Was hält Gott heute für dich bereit - welche Aufgabe sollst du heute erfüllen?

Jeden Tag, wenn du aufwachst, frage Gott: „Welche Sache soll ich heute tun?" Lerne im Gleichschritt mit dem Heiligen Geist zu gehen und vertraue ihm, dass er deine Schritte leitet. Erinnere dich, das Leben ist eine Reise, nicht nur ein Ziel.

www.lifeforsingles.com

Leben! für Singles

 *Finde heraus, welche Aufgabe Gott für dich auf lange Sicht hat.*

Wenn du auf Reisen bist, willst du dann einfach nur an den Zielort gelangen oder erfreust du dich auch an der Aussicht unterwegs? Es ist nicht einfach, die Geistesfrucht Geduld zu entwickeln, und Ungeduld wächst ganz von alleine, besonders wenn du siehst, wie deine gleichaltrigen Freunde denjenigen finden, mit dem sie ihr Leben verbringen wollen. Deine Einstellung zu der Reise wird bestimmen, ob die Zeit schnell vorüber geht oder ob sie sich hinzieht. Es wird dir helfen, wenn du dir kurzfristige und langfristige Ziele setzt, die nichts mit Ehe zu tun haben, sondern auf die Bestimmung fokussiert sind, zu der Gott dich berufen hat.

Setze realistische Ziele für:

3 Monate von jetzt an

6 Monate von jetzt an

9 Monate von jetzt an

1 Jahr von jetzt an

Längerfristig

#lifeforsingles

Leben! für Singles

 ## Ein guter Freund sein

Isolation ist der Feind von Zufriedenheit, und Einsamkeit kann dich in die Arme der falschen Person treiben. Wenn du gute Fähigkeiten in Bezug auf Beziehungen entwickelst, wirst du dadurch Freude an guten Freundschaften haben, aus denen du dann deinen Ehepartner aussuchen kannst.

 Ermittle alle Freundschaftsmuster, die du noch verändern musst.

Es kann sein, dass du auch noch einige Freunde, die du in der Vergangenheit nicht gut behandelt hast, um Vergebung bitten musst. Vielleicht musst du auch noch dir selbst vergeben. Wenn du jetzt diesen neuen Lebensabschnitt beginnst, erlaube dem Feind nicht, dir mit Verdammnis zu folgen.

 *Entwickle gute Kommunikationsfähigkeiten und Freundschaftsmuster. Schreibe die Hauptbereiche auf, in denen du dich verbessern möchtest.*

www.lifeforsingles.com

Leben! für Singles

Wähle die richtigen Freunde

Gute Freunde, die dich ermutigen und dein Leben bereichern - sei ihnen ein guter Freund! Beschränke dich nicht nur auf einen Freund. Die Freundeskreise, die du bildest, sollten mit Menschen sein, die ähnliche Werte wie du haben. Viele Singles fragen, wo sie den Richtigen treffen können, und in ihrer Verzweiflung suchen sie diese Person am falschen Ort.

Bist du mit deiner jetzigen Freundesgruppe glücklich?

Gibt es noch irgendwelche Veränderungen, die du vornehmen musst?

> Eine Veränderung könnte sein, den Freundeskreis zu erweitern. Sich mit den Freunden persönlich treffen, anstatt nur übers Internet miteinander zu kommunizieren. Negative Freundschaften beenden. Freundschaften mit dem anderen Geschlecht neu ordnen, damit sie auf einem angemessenen Level stattfinden.

Wo kann man gute Freunde finden?

> Die Antwort wird variieren, da sie vom Alter des Teilnehmers abhängt. Aber einige Faktoren werden trotzdem konstant bleiben. Freunde nach Gottes Sinn findet man normalerweise in der Gemeinde. Oft sind Singles frustriert, wenn die Anzahl anderer Singles in ihrer Gemeinde gering ist, und brauchen dann andere Möglichkeiten, um Freunde zu finden. Es ist wichtig, sich zu informieren, was es für Veranstaltungen und Möglichkeiten in der Gegend gibt, um andere Christen zu treffen.

Baue dir einen Freundeskreis auf, der aus guten Freunden besteht.

#lifeforsingles

 ## Der Richtige sein

Seit du auf dem Weg bist, in den Bereichen „gottgefälliger Charakter" und „Verantwortung" zu wachsen - es ist egal, ob du ledig oder verheiratet bist - solltest du nie davon ausgehen, bereits am Ziel angekommen zu sein. Leider wurde manchen Singles das Gefühl gegeben, dass etwas mit ihnen nicht stimmt, da sie immer noch Single sind. Die Wahrheit ist, an jedem von uns wird gearbeitet. Entscheide dich, flexibel in Gottes Händen zu sein, und erlaube ihm, dich weiterhin zu formen und zu veredeln.

Gibt es Fähigkeiten, die du jetzt entwickeln solltest, da sie dir für deine Zukunft nützlich wären?

Musst du noch aus Schulden herauskommen, einen passenden Job finden oder noch mehr lernen, um eine gute berufliche Laufbahn einschlagen zu können?

> Lebensumstände werden niemals perfekt sein, und wenn du Perfektionist bist, dann kann es sein, dass du auf „ich bin noch nicht bereit" hereinfällst. Eine Balance zu finden, ist wichtig.

Gibt es Bereiche deines Charakters (besonders die, die zutage treten, wenn du mit deiner Familie interagierst), die du vor Gott bringen und verändern musst?

 Denke daran, du kannst nicht für andere Verantwortung übernehmen, wenn du noch nicht einmal in der Lage bist, für dich selbst Verantwortung zu übernehmen. Sorge dafür, dass du dich körperlich, emotional und geistlich um dich selbst kümmerst.

www.lifeforsingles.com

 Den Richtigen wählen

Viele Singles geben Gott ihre Wunschliste für ihren Traumpartner, jedoch sollten wir Gott fragen, wer aus seiner Perspektive der Richtige ist. Wenn wir uns daran gewöhnen, seine Stimme zu hören, dann verschwindet automatisch unsere Angst, den Richtigen zu verpassen. Wir wissen, Gott wird zu uns reden und nicht zulassen, dass wir seinen Plan verpassen. Die Angst, diese Person zu verpassen, raubt uns den Frieden und lässt uns Verzweiflung ausstrahlen, was wiederum abstoßend auf andere wirkt.

> *Hast du Gott gefragt, nach welchen Merkmalen du bei einem Ehepartner Ausschau halten sollst?*
>
> *Wenn nicht, warum nicht? Wenn ja, was hat er dir gezeigt?*
>
> *Hast du negative Muster gebrochen, die dich an falschen Orten nach der falschen Person suchen lassen?*

> *Worauf hast du deinen Fokus gerichtet?*
>
> - *Ist dein Leben darauf fokussiert, den Richtigen zu finden?*
> - *Hast du dein Leben mit so viel Beschäftigung und Aktion gefüllt, dass es schwierig ist, den Richtigen zu bemerken, selbst wenn er direkt vor dir wäre?*

Während dieses Lebensabschnittes ist es besonders wichtig, eine gesunde Balance zu finden. Es wird nur zu Unzufriedenheit führen, wenn du besessen davon bist, den Richtigen zu finden, und dein Leben auf Eis legst, bis du fündig geworden bist. Wenn du Einsamkeit mit zu viel Arbeit bekämpfst, wird dich dies davon abhalten, die gesunden Freundschaften zu bilden, die du brauchst. Verstehe zudem, dass Gott dich mit Familie und Freunden umgeben hat und deren Perspektive hilfreich für dich sein kann.

 Suche an den richtigen Orten nach der richtigen Person und bitte Gott um das richtige Timing.

#lifeforsingles

Das Dating-Spiel

Hast du das Dating-Spiel schon mal gespielt?

Wurdest du während dieses Prozesses verletzt? Wenn ja, dann bitte Gott, diese Wunden zu heilen.

Gibt es Menschen, denen du vergeben musst? Musst du dir selbst vergeben?

Tue Buße, wenn du mit dem Herz von jemand anderem „gespielt" hast.

Höre auf, das Dating-Spiel zu spielen, sondern gehe bewusst an diesen Prozess heran.

Bist du zum Daten bereit oder solltest du noch warten?

Warum / Warum nicht?

Falls du noch warten musst, was musst du tun, um bereit zu sein?

Beginne erst eine ernsthafte Beziehung, wenn du beschlossen hast, dass du bereit bist, ein Versprechen zu geben, das in eine Ehe führt. Begreife, dass dieser Prozess mit einer gesunden Freundschaft zu einer Person beginnt, an der du Interesse hast, und lass dir Zeit, bis du das Gefühl hast, dass du diese Person heiraten möchtest.

Vermeide es zu flirten und mit den Emotionen von anderen zu spielen. Das gibt dir vielleicht ein gutes Selbstwertgefühl, aber es ist der anderen Person gegenüber nicht fair. Denke daran, das ist kein Spiel!

Leben! für Singles

 ## Die Realität der Sexualität

Einer der schwierigsten Bereiche für Singles ist die Realität, dass sie ein sexuelles Verlangen haben. Man hat körperliche und emotionale Bedürfnisse, die die Zeit des Wartens wie Folter erscheinen lassen. Solange jedenfalls, bis man lernt, wie man das Warten weniger schmerzvoll gestalten kann.

> Sei ehrlich zu dir selbst und finde heraus, wo deine größten Probleme in diesem Bereich sind.
>
> Gibt es Gedanken oder Verhaltensweisen, die Scham verursachen?

- Bekenne deine Schuld
- Erhalte Vergebung
- Vergib dir selbst
- Bitte Gott um Kraft zu überwinden
- Füttere nicht deine Bedürfnisse
- Trachte danach, rein zu sein
- Stelle sinnvolle Grenzen auf
- Bitte um Gebet und um jemanden, gegenüber dem du verantwortlich bist

Bewusste Reinheit ist nicht nur bewusst, da du fest entschlossen bist, Gott zu gefallen. Es ist auch bewusst, da du ein Ziel vor Augen hast. Die Ehe mit Gepäck aus der Vergangenheit zu beginnen, macht sexuelle Intimität nicht gerade einfacher, im Gegenteil, es macht sie komplizierter. Gott hat Intimität als besonderes Hochzeitsgeschenk geschaffen. Da Gott uns geschaffen und Ehe kreiert hat, weiß er auch, wie Ehe erfolgreich gelingt. Reinheit vor der Ehe ist es wert!

#lifeforsingles

Leben! für Singles

MIT DRUCK VON AUSSERHALB UMGEHEN

Eine Menge Leute, die es gut meinen, äußern gedankenlose Kommentare, fragen persönliche Fragen oder geben falsche Beurteilungen zu deiner Ehelosigkeit ab. Denke über die Fragen nach, die Leute zu deinem Beziehungsstatus stellen.

Wie lauten einige der Kommentare, mit denen du dich auseinandersetzen musstest?

Heirate nicht zu jung!

Warum bist du noch nicht verheiratet?

Oft ist Zeitdruck mit der größte Druck. Einerseits ermutigen dich andere zu „lebe erst dein Leben, heirate nicht zu schnell, fahr mal runter, warum sollte man jung heiraten". Wenn jedoch etwas Zeit vergeht, dann wirst du mit dem gegenteiligen Problem konfrontiert. Wenn du dir selbst nicht ausreichend darüber bewusst bist, dass die Uhr tickt, dann fühlen sich andere dazu verpflichtet, dich daran zu erinnern. Ihre wohl gemeinten Kommentare, dass du ja nicht jünger wirst; dass je älter du wirst, desto unflexibler du in einer Beziehung sein wirst; dass wenn du Kinder haben möchtest, du dich doch besser ran hältst. Es ist fast, als erwarten sie, dass du einfach so einen Ehepartner herzauberst und ihr - mir nichts dir nichts - „glücklich bis ans Ende lebt". Vielleicht hast du auch das Gefühl, dass sie liebend gerne der Auktionator wären, der dich an den Meistbietenden „verkauft". Die meisten Leute meinen es nicht böse und wollen dich nicht ärgern oder verletzen; sie realisieren nicht, dass ihre Kommentare wenig einfühlsam sind.

Wie kannst du ihnen auf gute Weise antworten?

Wie kannst du auf dein Herz aufpassen?

- Vergebung
- Aus Gottes Sicht deinen Wert verstehen
- Verstehen, dass dein Familienstand kein Zeichen von Gottes Gunst oder Missfallen ist

Es ist wichtig, sich nicht auf Grund von äußerem Zeitdruck oder Einwirken anderer in eine unweise Entscheidung drängen zu lassen. Bitte Gott, dir zu helfen, unter keinem Druck mehr stehen zu müssen, und vertraue seinem Timing.

www.lifeforsingles.com

Leben! für Singles

DICH DEINEN ÄNGSTEN STELLEN

Es ist wichtig zu verstehen, dass viele Singles Zeiten haben, in denen sie mit Ängsten bezüglich ihres Familienstandes zu tun haben. Eine der größten Ängste ist meistens, ob sie jemals heiraten werden oder nicht. Dies ist durchaus eine berechtigte Angst, besonders im Hinblick auf das aktuelle Verhältnis in Gemeinden von 1 Mann : 2 Frauen.[8] Das bedeutet, viele Singles sind mit einer sehr schwierigen Entscheidung konfrontiert: Single bleiben oder einen Nichtchristen heiraten. Wir glauben, wenn christliche Singles sich zusammen tun und dafür beten, kann dieses Gebet Dinge verändern. Organisationen wie z.B. „Engage" (http://engage-mcmp.org.uk) tun genau dies. Du bist nicht auf dich allein gestellt, es gibt Menschen, die für dich beten!

Bete!

Bete für Männer, dass sie Christen werden.
Bete für diejenigen, die Bindungsängste haben.
Bete, dass die Ehe für alle Christen eine aufrichtige Entscheidung ist.
Bete für Frauen und Männer, dass sie einen ehetauglichen Charakter entwickeln.
Bete für diejenigen, die in der „Zwischenzeit" sind, dass sie ihre Bestimmung/Vision finden.
Bete, dass Ängste durch Vertrauen ersetzt werden.

DICH DEINEN ÄNGSTEN STELLEN

- Wovor hast du in der „Zwischenzeit" am meisten Angst?

- Was denkst du über Zölibat?

- Wovor hast du am meisten Angst, wenn du Single bleibst?

- Schreibe alle anderen Ängste auf, die du vielleicht hast.

- Was sagt Gott über diese Ängste?
  (Finde eine Wahrheit aus Gottes Wort, die diesen Ängsten entgegenwirkt.)

- Denkst du, dass deine Ängste deine Herangehensweise, den Richtigen zu finden, beeinflussen?

- Bringe deine Ängste zu Gott und bitte ihn, dir zu helfen zu vertrauen.

[8] Tearfund 2007; Evangelical Alliance 2012; YouGov 2015

#lifeforsingles

Leben! für Singles

Heirate nicht aus den falschen Gründen

- Gehe niemals eine Beziehung ein und denke, dass du die Dinge, die dir an dem anderen nicht gefallen, verändern kannst!
- Gehe niemals mit jemandem eine Beziehung ein, dessen Lebensweg in eine andere Richtung geht als deiner!
- Lass dich niemals in eine Beziehung drängen!
- Versteife dich niemals auf die zwischenmenschliche Chemie! Vergiss nicht, wie wichtig der Charakter ist!
- Verwechsle niemals Lust mit Liebe!
- Entscheide dich niemals für jemanden, bei dem du dich nicht emotional sicher fühlst!
- Überstürze niemals deine Entscheidung, nur weil du deinen momentanen Umständen entfliehen willst!
- Heirate niemals aus der Angst heraus, als Ladenhüter zu enden.
- Lass dich nicht von deiner biologischen Uhr unter Druck setzen.

 *Benutze den Vorwärts-Button, damit du dich schützt und keinen Fehler machst.*

> Du kannst die Jahreszeiten nicht verkürzen oder die Ernte beschleunigen, also sei geduldig. Und sei achtsam. Während du wartest. Gott ist am Arbeiten. (Pastor Stuart Argue)

www.lifeforsingles.com

Quellenangaben & Literaturverzeichnis

QUELLENANGABEN

Donne J. Meditation XVII. Devotions upon Emergent Occasions. 1623.

The Smalley Institute. The Free Personality Test (2013). Smalley Institute. http://www.smalley.cc/free-personality-test/

Ask a Geneticist. Department of Genetics, Stanford School of Medicine. Retrieved from http://genetics.thetech.org/ask/ask68

The Self Esteem Shop retrieved from http://www.the-self-esteem-shop.com/low-self-esteem-statistics.html

Your Dictionary retrieved from http://www.yourdictionary.com

The Church of England (1662) Book of Common Prayer

Dictionary.com retrieved from http://blog.dictionary.com/soul-mate/

Roberts, A. http://combat-dating.com/wordpress/?p=90

Fight the New Drug retrieved from http://www.fightthenewdrug.org/

Engage retrieved from http://www.engage-mcmp.org.uk/

LITERATURVERZEICHNIS

Madison Clark Jr. (2010) Establishing a Healthy Church. AuthorHouse,

Prince Derek. (2006, 2012) Rules of Engagement: Preparing for Your Role in the Spiritual Battle. Chosen a division of Baker Publishing Group. Minneapolis, Minnesota.

Elliot Elisabeth (2005), A Chance to Die: The Life and Legacy of Amy Carmichael. Fleming H. Revell Company

Dr Cloud H. Dr. Townsend J. (2000) Boundaries. Zondervan

Dr Cloud H. Dr. Townsend J. (2000) Boundaries in Dating. Zondervan

Hitchman Lainey. (2015) The Right One. Hitched Publishing

QUELLENANGABEN AUS DER BIBEL

Schlachter-Übersetzung - Version 2000

Copyright 2003 Genfer Bibelgesellschaft

ANDERE QUELLEN

FARBIGE HANDBÜCHER

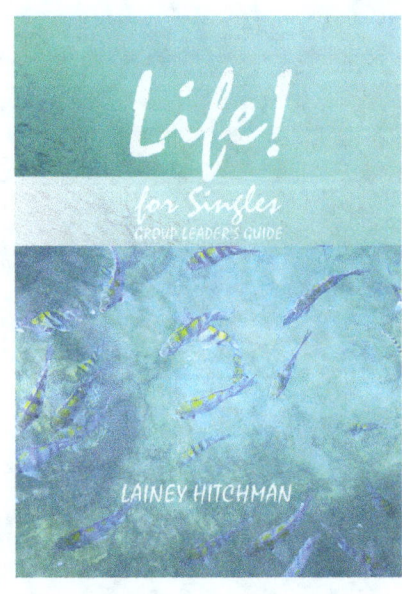

ALLE VERFÜGBAR UNTER: WWW.LIFEFORSINGLES.COM
Weitere Quellen verfügbar unter:
WWW.HITCHEDTOGETHER.COM

www.ingramcontent.com/pod-product-compliance
Lightning Source LLC
Chambersburg PA
CBHW081620100526
44590CB00021B/3534